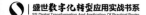

盛世数字化转型应用实战书系
SS Digital Transformation And Application Of Practical Books

DIGITAL EDUCATION

数字化教育

基于大数据和智能化场景应用下的教育转型与实战

汤 彪◎著

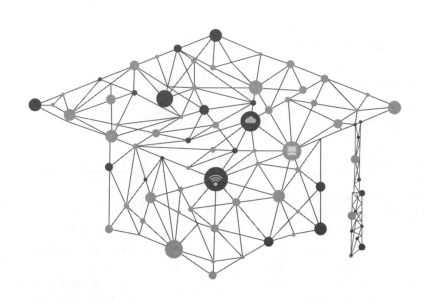

中华工商联合出版社

图书在版编目（CIP）数据

数字化教育：基于大数据和智能化场景应用下的教育转型与实战 / 汤彪著. -- 北京：中华工商联合出版社，2021.7

ISBN 978-7-5158-3055-1

Ⅰ.①数… Ⅱ.①汤… Ⅲ.①数字技术－应用－教育研究 Ⅳ.①G43

中国版本图书馆CIP数据核字（2021）第 136226 号

数字化教育：基于大数据和智能化场景应用下的教育转型与实战

作　者：	汤　彪
出品人：	李　梁
责任编辑：	胡小英　马维佳
装帧设计：	周　琼
责任审读：	李　征
责任印制：	迈致红
出版发行：	中华工商联合出版社有限责任公司
印　　刷：	北京毅峰迅捷印刷有限公司
版　　次：	2021 年 7 月第 1 版
印　　次：	2021 年 7 月第 1 次印刷
开　　本：	710mm×1020mm　1/16
字　　数：	200 千字
印　　张：	14.25
书　　号：	ISBN 978-7-5158-3055-1
定　　价：	68.00 元

服务热线：010－58301130－0（前台）

销售热线：010－58302977（网店部）
　　　　　010－58302166（门店部）
　　　　　010－58302837（馆配部、新媒体部）
　　　　　010－58302813（团购部）

地址邮编：北京市西城区西环广场 A 座
　　　　　19－20 层，100044

http://www. chgslcbs.cn

投稿热线：010－58302907（总编室）

投稿邮箱：1621239583@qq.com

工商联版图书

前言 Foreword

　　2020年，突如其来的新冠疫情给各行各业都带来了前所未有的冲击。在教育行业，各类学校、校外培训机构纷纷被按下"暂停键"。

　　严峻的生存形势给教育行业带来了更多思考，想要在"后疫情"生存下去就必须进行变革，而"数字化"则成了教育行业转型变革的出路。

　　近几年，得益于互联网、物联网、人工智能等高新科技的快速发展与行业应用，全球范围内掀起了数字化教育的浪潮，世界各国都在积极打造智能化、感知化、泛在化的数字化教育模式。"数字化教育"是互联化、智慧化思想在教育领域的落地应用，是教育信息化发展到一定阶段的必然结果。

　　我国于20世纪90年代末开始实施教育信息化战略，不但投入了大量资金，更出台了一系列利好政策。经过20多年的发展，我国教育信息化建设取得了长足进步，目前，已经建立了多层次、多形式、学科门类齐全的教育体系，多媒体教室、网络教育、远程教育等发展尤为迅猛，为解决教育资源分配不均衡、教育效率低下等问题提供了有效的解决途径。

　　数字化教育具有的广阔发展前景，吸引了大量创业者及企业的迅速涌入，实际上它正在推动传统教育的转型升级，催生出一系列的新模式、新业态。无处不在的移动互联网深刻影响了人类社会的方方面面，也使数字化教育的大规模推广普及成为可能，全民学习和终身学习不再只是空想。

数字化教育是以技术为手段，以促进人的发展为目标，以构建智慧、灵活、开放、个性化教育生态的智慧教育理念为指导。诚然，人工智能等智慧科技确实是推动传统教育变革，进一步加快教育信息化建设进程的重要推力，但从教育行业发展本质视角上看，技术本身并不具备自发推动产业转型升级的能力，能够真正改变教育全局，创造全新教育生态的核心因素乃是新的教育模式与理念，这也是数字化教育变革的核心所在。

教育业覆盖范围广泛，存在线上教育和线下教育两大类，可以想见，未来随着数字化教育日渐成熟，二者之间的界限将逐渐模糊，线上与线下结合是主流趋势。从受众群体角度上，教育可以细分为幼儿教育、基础教育（k12教育）、高等教育、职业教育、课外辅导、英语培训等多个方面。

在数字化教育发展初期，切入点选择尤为关键，综合市场化程度、灵活性、开放性等多种因素，在线教育不失为一个颇为理想的切入点，其相对较低的准入门槛，人性化、个性化的学习体验能够为探索数字化教育带来诸多便利。

数字化教育追求教育公平与质量，强调教育创新、能力培养与个性化教育，对教育软硬件基础设施建设水平、教育理念与模式创新、教育体制机制完善等提出了极高的挑战，如何推动高新技术与教育的深度融合，充分利用移动互联网、大数据、云计算等技术打造智能化的学习环境，支撑教育系统进行整体性变革，是行业与企业面临的首要问题。

作者在创作本书时，参考了大量数字化教育方面的政策文件、论文、书籍等，深受数字化教育领域内专家、学者的启发，对数字化教育发展历程、现状及未来趋势等进行了系统梳理，并结合了当下的社会环境背景，将全书共分为后疫情时代的数字化教育变革、数字化教育的现状与趋势、企业大学的数字化转型、大数据教育、云计算教育、移动学习、数字化教育企业的商业模式、数字化教育企业的营销方式等八大组成部分，对数字化教育基本理念、体系架构、教育发展战略与落地路径、实践应用等方面进行了全方位、立体化的深入剖析，冀望能够帮助读者、教育机构，特别是教育行业的中小企业决策者们提高对数字化教育的认知水平，找到更为契合当下教育环境的数字化教育项目实施方式，使企业能够在当下这个教育变革转型的关键时期抢得先机，更好地生存、发展下去。

　　本书尤其强调实操性，引入了很多国内知名教育机构的实践案例，通过对这些案例的剖析总结，可以帮助行业与企业降低试错成本，规避一系列潜在风险。

　　限于作者水平，书中难免存在错误和遗漏，敬请各位专家、同行和读者批评指正。

第一章

后疫情时代的数字化
教育变革

第一节　特殊时代逼迫教育转型

被疫情逼入死角的教育培训行业

2020年的新冠肺炎疫情，爆发速度之快，超越了很多人的预估。很多行业面对突如其来的疫情，猝不及防，遭遇了"毁灭"性的打击，教育行业首当其冲。

2020年3月，教育行业首份针对疫情期间教育培训机构的行业报告——《K-12教育培训机构疫情影响情况调查报告》出炉。报告显示，疫情给教育培训行业带来了极其深远的影响：在居家的特殊时期，学校相继延期开学，线下培训机构被叫停，校内和校外教学活动整体向线上迁移。在线学习、停课不停学成为特殊时期的教育关键词，这直接导致固有的教育模式在疫情的冲击下变得脆弱不堪。

报告显示，在疫情期间87%的教育培训机构遭遇经营挑战，其中按照比例排在前三位的依次为：营收减少、场地租金压力和人力成本过高，详见图1-1。

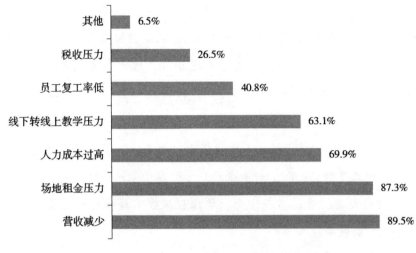

图1-1 疫情期间教育培训机构面临困境

不同类型机构所面临的困难排位略有差异。纯线下培训机构由于受"在疫情期间不能进行线下培训"的政策影响,直接面临着"场地租金压力"和"人力成本压力",与此同时"线下转线上的压力"也远远高于其他已经具备线上功能的机构。

该报告还显示60%的机构预计2020年上半年净营收将遭遇滑铁卢式下跌,跌幅超过50%。

好未来公司的前身即学而思,2013年正式更名为好未来。

好未来是一个以智慧教育和开放平台为主体,以素质教育和课外辅导为载体,在全球范围内服务公办教育,助力民办教育,探索未来教育新模式的科技教育公司。

2015至2019年,好未来(学而思)连续五年被评为"最具价值中国品牌100强"。2017年,好未来成为唯一一家入选中宣部主办的"砥砺奋进的五年"大型成就展的教育科技企业。

然而2020年疫情到来后,好未来和业界其他公司一样,都面临巨大压力。其中公司一对一辅导业务受疫情影响非常大。就具体业务而言，好未来营收由学而思培优小班、智康一对一、学而思网校三大部分组成，其中学而思培优小班包括线下小班与学而思在线，培优小班线下业务是好未来收入的核心。其中一对一课程受到疫情较大影响，一季度增长率下降约10%。利润方面，好未来在疫情背景下出现明显下滑，公司财报显示，2020财年第四季度归属于好未来净亏损为0.9亿美元，上年同期净利润0.996亿美元，同比下降190.4%。好未来称一方面在于学而思网校一直提供免费课程，需要大量投资；另一方面，将课程从线下转移到线上需要更多教师、培训、助教等投入。

疫情除加速行业洗牌，更推动行业向线上发展。由于疫情的特殊原因，好未来网校业绩增长加快，这对整个行业来说都是普遍现象。面对这种局面，好未来已经暂时减缓了线下学习中心的扩张。

由于教育培训行业属于第三产业，在复工后的后疫情时代很难通过扩大生源来弥补损失，并且现在教育培训行业竞争环境恶劣，如果不做改变，复工后想要弥补损失也不会那么容易。很显然，突如其来的这场疫情已经将教育培训行业逼入了"死角"。

疫情带来教育转型契机

全国政协委员、教育部原副部长、中国教育国际交流协会会长刘利民，在谈到疫情期间的"停课不停教，停课不停学"时曾说过："这是一次全球最大的数字化教学社会实验和一场开放教育资源的运动"。

让我们来看一组数字：以高等教育为例，来自教育部的统计数据显示，截至2020年5月8日，全国1454所高校开展了在线教学，103万教师在线开出了107万门课程，合计1226万门次课程，其中既包括理论课，也包括实验课；参加在线学习的大学生共计1775万人，合计23亿人次。

疫情期间，传统的教学方式大规模从线下转移到线上，教育理念、教学平台、教学方式、教学关系经历了全面变革，形成了时时、处处、人人皆可学的新教育形态。很显然，面对疫情，教育行业的转型契机出现了。

面对教育行业的数字化转型，我们发现了其中的诸多积极因素。

首先，数字化教育可以填平地区间教育水平差异的沟壑，通过课程的转播，课件与教案的分享，让偏远地区的教师与学生一样也能接触到、使用到发达地区的教育资源和经验。

其次，在线教育让家长在教育中"归位"。疫情期间，教育数字化快速拉近了家长和学校之间的距离，让家长深入地参与到线上教学，了解孩子的学业情况，便于家长同老师一起形成家校合力，解决孩子学习中遇到的各项问题。

最后，在线教育"让老师当回了老师"。疫情让学校的数字化程度更高了，一个在线教育App，就解决了师生沟通、家校沟通的所有问题，可以让老师迅速从事务性工作中解放出来，更专注教学本身。

无疑，疫情为数字化教育带来了巨大的流量红利，同时也为行业转型升级带来了更多思考。尽管通过这次疫情，数字化教育项目已经广泛落地，但学术界对其认识并未统一。部分学者认为数字化教育是将信息化技术手段应用至教育领域，以提高教育教学成果，优化资源配置；还有部分学者将数字化教育看作为是一种基于网络技术、多媒体技术等现代信息技术的全新教育形态，强调以学习者为中心，学习者、教师、教育机构等通过现代信息技术进行实时交互。

数字化教育确实是一种全新的教育形态，但它并非仅仅是给教育行业带来了新技术，更多的是它带来了新思维、新模式、新理念，促进教育组织变革、服务创新、模式升级，从传统教育发展至现代教育。

　　无论如何我们都能看到，在疫情的逼迫下，数字化教育正在成长起来。2020年第一季度在线青少儿英语课程市场规模高达260亿元，用户规模约为580万人，市场渗透率为22%。艾媒咨询的行业报告也显示：2020年中国在线教育市场规模预计将达到4848亿元。这一波大红利是明明白白摆在行业面前的，这令教育行业的数字化转型更加自然而然。

重构现实教育模型

　　数字化教育的应用主要通过参与主体实现，这些主体包括教师、学生、管理人员等等，他们在进行教学、学习、管理等活动中会应用到互联网教育。在这个过程中，参与主体会将"云"作为其数据和信息来源，并将自己在教学、学习、管理活动中产生的数据和资源发送并保存到云平台上，形成完整的闭环系统，促进教育的发展。很显然，数字化教育体系与固有的线下教育体系之间存在着显著的差异，想要完成教育的数字化转型，重构新的教育模型就成为必然。

　　数字化教育本质特征包括以下几点（详见图1-2所示）：

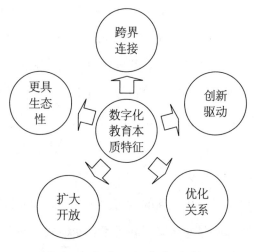

图1-2　数字化教育本质特征

◆**跨界连接**

数字化教育是网络与教育的融合，它有着十分丰富多元的应用场景，互联网教学、互联网管理、互联网考核等都具有十分广阔的应用前景。以互联网教学为例，教师可以借助人工智能设备开展远程教学，教师与学生可以实时互动，使学习者获得更多乐趣，提高其学习积极性。

◆**创新驱动**

数字化教育通过数字化思维变革传统教育模式，推动教育创新变革，大幅度提高教育水平与质量。

（1）一系列新技术的应用将为教育创新提供强有力支持，比如，搜索、传感、通信、图形图像等技术的应用，使数字化教育业态创新具备广阔的探索空间；大数据、云计算、虚拟现实、移动教学等技术使教育互动方式更为丰富多元等。

（2）教育众创空间进一步拓展。网络世界是创意与灵感的聚集地，通过打造各种网络平台及虚拟空间，为学习者开展创新学习及创业试验奠定坚实基础。目前，越来越多的教育机构开始积极转型，众创空间项目大量涌现，成为教育机构实施数字化转型的重要切入点。

（3）形成开放式创新。互联网为创新项目资源整合带来诸多便利，使创新成果分享成为可能。个体与组织可以借助互联网交流创新理念与经验，并进行协同研究，共同完善知识体系，为学习者创造更多的使用价值。

◆**优化关系**

数字化教育能够打破传统教育内部的各类关系结构，变革学生与教师、学生与教育机构、教师与教育机构之间的关系，赋予学生更多的学习选择权，能够进行跨区域、跨组织、跨国界的交流沟通，减少各方矛盾冲突，培养更多的优秀人才。

◆**扩大开放**

数字化教育的扩大开放特性已经得到了充分体现，学习者接受教育不必过度依赖学校或培训机构，可以借助线上开放性教育平台自由选择教学课程。以可汗学院（Khan Academy）为例，可汗学院免费为全球学生提供数学、物理、化学、金融等学科教学服务，统计数据显示，通过YouTube观看可汗学院"教学录像"的人次超过13亿，部分学校甚至将学习可汗学院部分教学课程纳入考核评估体系。

◆**更具生态性**

多元化、可持续、创新性等是教育生态性的具体表现，而数字化教育将进一步增强教育的生态性。互联网在提高效率、降低成本方面的优势，使教育能够精细化到学生个体，更加有针对性地设计教学内容及方式方法，教学也更为人性化、个性化，学生能够充分发挥自身的创造力、能动性，借助移动终端随时随地学习，教师则以学生学习指导者、学习伙伴的角色为学生提供各类优质服务。

数字化教育服务于在校学生，也服务于已经走出校园的用户，能够推动学习型社会的建设与发展。数字化教育还具有较高的智能化水平，能够为不同的参与者提供个性化的资源服务，为其提供精准而高效的参考信息，并从参与者那里获取更加丰富的数据资源。同时，数字化教育的协同性明显提高，不同主体、不同活动之间能够发挥协同作用，同时开展多个活动。

依托云技术、云平台，数字化教育实现了泛在式教学与学习，实现了线上渠道与线下渠道之间的对接，通过云课堂、云教室的学习让学生从测试结果中了解自己存在的不足，据此查漏补缺。在数字化教育模式下，学生与学生之间、学生与教师之间、学生与设备之间都能实现互动，学生可以掌握更多的学习主动权，提高自身的知识消化能力。

在科研发展方面，数字化教育是对知识社会创新的实践，让更多普通人参与到科研项目中来，而不再仅仅局限于精英群体。在数字化教育环境下，云平台能够有效支持教师的科研活动，并让管理人员、学生也能够参与其中。通过云计算、大数据技术的应用为科研项目参与者在申报、审评等各个环节提供相应的资源支持，完善其试验数据、调研结果，降低开展科研活动的复杂程度，提高整体运作效率。

在管理方面，数字化教育依托管理云平台系统，用智能技术分析管理、运维、资源信息，借助大数据技术对这些信息进行深度处理，方便教学管理人员获取运行监督、信息管理、教学质量评定、资源配置等各个方面的信息数据，提高决策科学性，及时发现问题并进行提示，并将反馈信息提交给云平台，促进教育的优化。在实施过程中解决问题，提交反馈，及时调整，进而促进教育行业的长期发展，并在发展过程中进行逐步优化。

数字化教育还能让校园生活更加智能、便利。校内食堂推出预订服务，允许前来就餐的师生提前预订餐桌和菜品，并提供智能化餐具，将菜品的营养成分、热量情况等提供给预订者。校车站牌会告知车辆到达时间、车上的座位剩余情况。校医院能够利用可穿戴设备收集患者的心率、体温等信息。不断升级的电子商务也将在校园内掀起新一轮的消费热潮。

云、网、端相结合的基础设施建设，为教育的数字化行动开展提供了有效的支撑。目前，数字化教育行业都在充分发挥大数据、物联网、云平台的作用，促进这些先进技术手段在教育领域的应用，利用技术工具促进现代教育的发展，并发挥教育对技术创新的推动作用，扩大技术的应用范围，使教育与技术相互促进、共同发展。

数字化教育大势已成

数字化教育在全球呈现势不可挡之势，从政府的特别立项、专案的资源、投入数字化的推动等方面都有佐证。美国、法国等发达国家在教育改革的道路上，数字化都扮演着非常重要的角色。各国政府对数字化教育的大力支持正在成为引领未来教育潮流的新趋势。

在美国德克萨斯A&M大学（Texas A&M University），乔恩·米尔与史蒂夫·威金斯为学生们设计了一个交互式视频平台，通过线上授课的形式来展开微观经济学课程教学。两位教授预先准备好线上作业与阅读材料，并将授课视频上传至平台，学生只需在平台观看视频并完成作业即可，不必在特定的时间与教室地点进行学习。

没有教室的空间限制，也没有了教师的面对面督促，怎样保证教学的质量呢？对此，两位教授为平台添加了许多特殊机制，促使学生认真参与：

授课视频会在关键节点弹出问题，并且必须在短时间内作答，以测试学生注意力是否集中；当学生频繁拖动视频进度条，以不可能的速度"学习"完整个学期的课程，或是拖到学期末最后一周才开始学习时，系统将会发出警告加以监督；如果期末考试分数过低，系统还将自动向教师和学生发送通知，表明该学生需要重新学习。

从结果来看，这种数字化教学的应用非常成功。在传统教育模式下，教师们往往需要对不同班级的学生反复讲授同样的内容，有时还需要根据不同班级的进度做出个别调整，任务十分繁重，而现在，教师可以投入更多精力打造真正的"精品课程"，大幅提升课堂效率。

对学生来说，线上授课的方式同样受到欢迎。学生不仅可以自主安排上课时间，还可以反复回看教学内容，这对课程的学习与考前复习来说都是很大的帮助，学生成绩也会因此得到显著提升。

数字化的教学方式打破了传统课堂的空间限制，同样的，数字化的教学资源也正在替代传统的教学资源。

纽约州立大学（State University of New York）系统运用数字化手段进行了专门的教学改革，尝试为教师和学生提供最新的、原创性的低成本教学资源，包括教科书、教学视频等数字化教学材料，而且教师还可以对这些公开免费授权的教学资源进行修改，使其更符合自己的教学需求。

数字版教科书提供了更多的功能，内容不再局限于实体教科书上单纯的图文，加入丰富的视频让学生可以进行互动练习，同时学生可以依自己的阅读习惯调整文本形式，还可以直接添加文本注释等。

因为这些教学资源是开放共享的，教师可以对这些资料加以修改完善，将教材内容与学生的实际情况结合起来，不仅降低了学生的学习成本，更提高了学习质量。

通过数字化课程软件的应用，学生可以选择观看视频等更加生动的方式进行学习，还可以进行初步的知识检测，并根据检测结果进行强化训练，使学生对知识点记忆更加深刻；而教师则可以通过软件收集的数据，了解学生学习了哪些知识、哪些习题容易出错，以及还有哪些地方需要辅导，在第二天的课堂中，有针对性地提出建议，让学习效果最大化。

综上所述，我们能够看到数字化教育发展具有如下特征（详见图1-3）：

（1）教学模式多样化

数字化教育有力地推动了信息科技与现代化教学的深度融合，将网络信息资源整合到现代教学之中，实现了对传统学习模式与教育体系的创新变革。教师可以利用新一代信息技术将差异化的课程内容与知识点定制化地传授给学生，并且对教学内容实时更新，引导学生互动反馈，培养其创新能力与自主学习能力。学生获得自主选择权，避免对教师过度依赖，有助于多元化人才的培养。

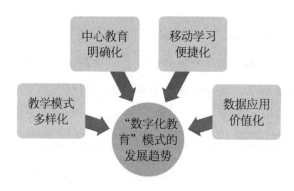

图1-3 "数字化教育"模式的发展趋势

（2）中心教育明确化

数字化教育能够促进教育体系的优化完善，它强调以学习者为中心组织开展教学、管理及考核等教育活动，而不是以教师为中心，用标准的教材向学生进行填鸭式教学。教师在教学课程中更多地扮演服务者的角色，为学生提供知识结构梳理、重点知识全面剖析、课外知识补充等升级服务。

同时，教师还可以充分发挥互联网整合信息与资源的优势，对教学数据、学生学习数据、教学活动数据等进行整合与分析，制定更为个性化的教学课程及方式方法，使学生的个性需求得到充分满足。

（3）移动学习便捷化

智能手机及移动互联网的推广普及，对人们的日常生活与工作产生了深远影响，移动学习迎来快速增长期，在互联网教育中扮演的角色愈发突出。在移动学习模式中，学习者可以借助随身携带的移动终端，打破时间与空间的限制随时随地学习。移动学习并非线下学习或PC学习的完全复制，而是结合特定场景的学习需要，定制化地提供教学服务。

移动学习使学习者的碎片化时间得到充分利用，通过分析学习者的学习过程数据为其建立学习模型，根据该模型对学习内容进行优化完善，为教师的教学工作提供有效支持，是互联网教育的一大主流发展方向。

（4）数据应用价值化

大数据时代，整个教育过程都会被以数据的形式完全记录下来，这涵盖了教师教学内容、方式方法数据，学习者学习过程、反馈建议等海量数据，通过对这些数据进行深入分析，可以让教师与学习者及时找到教学与学习过程中存在的不足，提高教育质量与效率，减少师生矛盾。

未来随着大数据技术的进一步完善，教育数据的应用场景将得到进一步发掘，其价值创造能力将会得到显著提升。

未来已来！

在后疫情时代，数字化教育的趋势已经形成，这是一次科技力量对传统教育的有力冲击，看清方向，把握趋势，顺势而为，才能立于潮头，赢得先机。

第二节　变革如此发生

变革1：认知方式变革

移动互联网、物联网、3D打印、人工智能等新一代信息技术的快速发展，开启了新一轮工业革命，数字化、网络化、智能化、个性化是其主要特征。在新一轮工业革命带来的重大发展机遇面前，中国能否抓住短暂的窗口期，成功赶超发达国家，关键在于人才，尤其是具备全球视野及创新能力的高素质人才，而教育是人才培养的主流途径，推进教育改革，提高教育水平是我国迎接新一轮工业革命的必然选择。

从目前的情况来看，以理论知识教育为主、模式单一、过度强调教师作用的传统教育模式，已经不能适应新一轮工业革命的人才培养需要。随着我国教育改革持续深化，提高教育质量、培养学生个性的呼声越来越高，同时，针对解决教育资源分配不均问题，政府、教育机构及企业进行了一系列探索实践，而新一代信息技术在教育领域的渗透融合，为提高中国教育水平与质量，培养符合新时代需求的优秀人才提供了新的思路。

数字化教育模式可以促进教育资源的高效配置，借助云网一体化解决方案，让学生跨越时间空间限制随时随地学习；借助互联网的强大数据搜集与分析能力，学校等教育机构能够根据学生差异化需要开展个性教育；数字化教育构建了双向网络化沟通机制，学生可以向老师及时反馈信息，并和其他学生交流学习心得，共同进步；数字化教育能够打造虚实结合的教育空间，提高教育机构的教育服务供给能力。

必须明确的是，数字化教育变革不仅仅是一种技术革命，更是一种认知革命，是一种改变思维方式的革命。

数字化意味着一个全新时代的到来。这个时代是互联网、云计算、大数据、物联网、感知技术、触摸技术和人工智能等数字技术综合应用创新的一个时代，是人与技术共同进化的一个时代，也是以数字化驱动实体经济与虚拟经济高度融合的新时代。这个时代的典型特点是：智能互联、知识透明、敏捷制胜、边界消失、创新无限。数字化时代的核心能力与独特资源是：基于算力、数据、算法所形成的无限计算能力，海量的大数据资产，持续创新的智能算法。要适应数字化这样一个新时代，首先需要的是观念的更新、思维的革命。

在这里所说的数字化认知新思维有以下几个特点：

一是非连续性。人的认知思维要从渐进式连续性线性思维向非连续性生态思维过渡。数字化的典型特征之一是发展曲线会出现断点，呈现非连续，不拘泥于经验，有时无迹可寻。它意味着人首先要具有长远的战略格局，能够洞见未来，要从连续性线性思维转向非连续的生态思维以应对新教育模式可能出现的突变与不连续性。如果把传统的线性思维比作构建有围墙的花园，在自己的花园里苦心经营，那么未来，各个组织之间是交融在一起的，组织和个人之间也是交融在一起的，这是一种大生态与小生态的交融。从产业角度来看，过去是独木成林，即产业里只能有个别家做大，其他的企业生存空间很小；在未来则是一片森林。对于少数行业领袖而言，要致力于构建平台、打造生态；而对于众多中小企业而言，则是参与平台，融入生态，成为生态体系不可或缺的要素与环节。

二是破界、融合。人的认知思维要从封闭式边界思维到开放式跨界融合思维。数字化的典型特征中就包括破界融合，它意味着生产者与消费者的破界融合，供需双方的破界融合，组织与外部生态的破界融合，产业与产业的破界融合，软硬技术的破界融合，线上线下的破界融合……从产业层面来看，从为客户创造价值的思维转向与客户共创价值、与员工共创价值的思维，从单一竞争思维到利趋取势的竞合思维。

三是突变、颠覆。人的认知思维要从单一基于大概率事件推测而来的思维到洞见与感知小概率突变事件的思维；从基于资源与能力的渐进式弯道超车思维到突破资源与能力的颠覆式创新变道超车思维。数字化的本质是创新，是连续性创新与颠覆创新，是追求原创性创新而非简单模仿创新，这就要求行业中的人要重塑创新创业激情，追求变化，以开拓和探索的精神挑战权威与已有的规范、戒律，建立新能力和模式基础上的新学习曲线。

四是分布式、多中心。数字化的典型特征包括无限连接、交互的网状结构体系中的分布式与多中心特点，因此人的认知思维转变就要从垂直式单一中心思维到分布式多中心思维，从非对称性单一聚焦压强思维到对称性多项动态选择思维；从专注核心人物到尊重个体力量……知识爆炸使人有限的时间与精力愈发捉襟见肘，对智能设备的依赖性越来越高，人与智能设备的分布认知、协同思维，对人认知世界发挥的作用愈发关键。万物互联使变革更为频繁、影响力更为深远，在实时通信网络的支持下，社会化协同可以在更大的范围以更高的效率展开，知识去中心化特征愈发明显，展现出一种分布式协同状态。知识生产、传播及应用机制将会发生重大变革。知识分布式存储在网络节点之中，而网络节点之间的相互连接交互，实现了大规模的社会化协同，从而让人们更好地认知并改造世界。

不难发现，大规模社会化协同逐渐成为社会协作的主流形态，为个体与组织解决各种问题提供了新的解决思路。认知方式是教育的重要组成部分，移动互联网时代新的认知方式呼唤新的教育模式，我们需要对教学思想、教学理念、教学方式方法、教学组织形态等进行革新，才能让中国教育培养出更多适应现代化生存环境的优秀人才。

变革2：教育模式变革

数字化在教育领域的落地，使数字技术在教学、管理、评价等环节得到深层次应用，提高其效率与质量，并有效降低成本。更为关键的是，数字化教育将会为教育服务创新创造新的实施环境，实现对教育业务流程与模式的优化完善，变革其流程、运作规则及运作形态，推进教学、管理与服务体制创新，构建全新的教育生产关系，以及全新的教育服务供给方式、形态与结构。

互联网的快速渗透，使社会化协同得到快速发展，社会组织服务边界变得愈发模糊，服务外包受到了越来越多社会组织的青睐。移动互联网、5G通信、物联网等技术的发展，使个体与组织跨越区域与国界的大规模协同成为可能，具体到教育领域，分散在全国甚至全球各地的教育资源能够被高效整合与配置，催生出新的教与学的分工形态。

这种新型分工形态使学习者可以享受更为个性、多元的教育服务，在学习过程中实时获得教育支持与评价反馈，促进公平教育。与此同时，教师分工更为精细化，课程内容能够被记录下来，让更多的学生学习，使教师有更多的时间用来思考如何改善教学内容及方式方法，降低教师工作负担，提高教学质量。

数字化教育的出现打破了传统教育以学校为中心的封闭僵化的供给体系，让更多的个体与社会组织参与进来，打造跨组织、跨层级、跨领域的基本公共教育服务供给模式，实现实时交互、监督协作、合作共赢。

数字化教育存在两大核心特征：其一是变革教育服务业态，推动教育服务数字化，通过互联网提供远程教育；其二是打破组织边界，促进教育服务供给主体多元化，使学习者有更多的选择，教学过程更具互动性且提供及时反馈，实现教育服务的社会化供给，打造共建共享、合作共赢的教育公共服务新机制。

数字化教育将极大地提高教育体系核心要素重组，有更多的社会组织布局教学内容、教学资金、教学服务、考核评价等各教育环节，学习者不仅局限于学生群体，而是人人皆可参与，和提供大众教育的学校相比，互联网教育机构凭借在资金、组织灵活性等方面的优势可以提供更高水平的教育服务。

以风靡全球的大型开放式网络课程（massive open online courses，MOOC）为例，它并非应用了何种颠覆性的新技术，而是教育生产关系创新发展，使掌握优质教育资源并能够提供高水平教育服务的高校变得愈发开放。学习者可以结合自身的兴趣爱好、文化、语言等挑选各类课程，实现个性化学习，教育供给方式更为多元化，打破教育垄断的同时，促进民主化教育。

运用互联网技术，可以用文字、图片、音频、视频等多元化方式进行教学内容展示，将很多在现实生活中很少接触到的场景以多媒体方式表现出来，便于学生理解和掌握相关的知识。从教师的角度来分析，他们能够丰富教学课件的表现形式，从而提高教学灵活性，提高学生的学习兴趣，并吸引他们的注意力，改变传统教学方法下学生学习倦怠的情况。从学生的角度来分析，他们能够获取更加生动形象的教学内容，消化更多的知识，增长更多的见识。

高质量的院校教育资源会被应用到网络教育中，在应用先进技术手段的基础上，教育部门能够实现对教育资源的迅速更新与迭代，为学生呈现近期研发出来的科研成果，供学生进行学习。通过线上平台实现的资源共享包括三种：一种是课程资源共享，以二维码或链接方式发布在网络平台，为学生获取资源提供操作便利；一种是网络资源共享，网络平台上拥有海量的信息资源，供学生在学习过程中进行搜索、查询，能够开阔学生的视野，丰富他们的见解；一种是学习问题的共享，学生在学习过程中出现的问题，得到教师的指导，供其他存在类似疑惑的学生进行参考。

传统模式下，知识信息主要掌握在权威人士手中，数字化教育的发展，使传统教育打破了固步自封的状态，所有人都成为知识信息的生产者、使用者、传播者。移动互联网平台的应用，能够进一步扩大网络教育资源的覆盖范围，为学生接受优质教育、教师进行高效率教学提供便利。

变革3：教育服务个性化变革

在传统教育模式中，学习者往往要被迫适应封闭僵化的教育体系，而不是针对学习者的个性开展教学课程与方式方法的定制设计，而数字化教育将有效解决这一问题。

数字化时代，数据将会成为石油一般的核心资源，是教育机构的核心生产要素，是必须重点布局的重要资产，这些数据是从教学及学习全过程中搜集并处理而来，当然，这是建立在未来学校所有教育设备设施接入互联网的基础之上。通过对学习者学习过程数据进行深入分析，应用心理学、学习科学等原理与模型，可以开展描述性分析、诊断性分析及预测性分析：

（1）描述性分析：了解学生学习整体趋势，寻找适合特定学生群体的模式、规律，提高教学服务精准性。

（2）诊断性分析：针对学生个体表现定位其问题，为提供个性教育打下基础。

（3）预测性分析：对学生的综合素质与能力考核提供有力支持，让学生更为深入地了解自身实际水平，帮助其设立更为合理的人生目标，从而提高其学习效率与质量。

通过开展教育大数据分析，教育机构可以深入了解学生的认知结构、知识结构、情感结构、能力水平、兴趣爱好等，为学生提供高效精准的定制教育服务，这不但能够帮助学生补足自身短板，还能强化优势学科，完善知识结构，使学习者的能力得到充分发挥。

标准化的教育服务被个性化、弹性化的教育服务所取代，未来，学习者可以获得定制化的教学内容及方式方法，更加有利于学习目标与价值观的实现。教育服务选择性得到大幅度提升，不仅学校可以为学生提供教育服务，数字化教育平台等社会教育机构也能为学生提供高水平的教育服务。

数字化教育模式下，借助于先进的技术手段，教师能够通过开展学习测试并利用系统数据来了解和掌握每个学生的学习进度、具体的学习情况等等；另外，教师还能通过教学和学习服务系统，以学生的学习能力为参考，制定符合其学习情况的更有针对性的学习指导方案，为其提供个性化的教学指导和服务。改革传统模式下对所有学生实施"一刀切"的教学模式和方法。

另一方面，在获得基础教育后，越来越多的人对个性化教育有所需求。与此同时，学校也开始注重依据学生的个人兴趣实施人才培养，从而挖掘学生的个人潜力。在现代化的教育模式下，数字化教育能够为教学者和学生提供更加丰富的学习方式，并为其提供相对应的教学资源，促进学生个人兴趣的发展及延伸。

长期来看，未来的学校教育可能是自组织形态，学校将成为满足学生个性化教育服务需要的智慧学习场所，学习过程中将更注重结合学生能力与实际情况来制定学习计划，动态调整学习节奏。

变革4：教师核心能力变革

数字化教育带来的另一个显著变革就是教师核心能力的变革，即数字化能力将成为教师必备的核心能力。数字化教育对教师的要求与以往有显著不同，这些不同点包括：

新技术的迅速学习与掌控能力。传统教育对教师在技术操作层面的要求很低，而数字化教育则需要大量新技术来支撑，想要完成授课，教师就必须具备新技术所要求的能力。

成为终身学习者。数字化背景下的学习随时随地都可能发生，知识的更新迭代也在加快。因此，教师的知识储备量必须充足，想要达到这个要求，随时学习、终生学习就成为必要条件。

沟通能力的升级。数字化打破了传统教育授课的面对面模式，在任何人都可能会随时发言的线上模式中，同时听到多人的想法并及时解答每个问题，这对于教师的沟通能力提出了更高的要求。

设计学习的过程，而非仅传递内容。在数字化教育中，学习能力比学习结果更能够展示出魅力。因此教师不仅要传播知识，更要成为学习情境和学习引导的设计者。

激发学生学习热情的能力。数字化教学中的互动难度远比面对面课堂互动难度大，同时对学习者的要求已经从可以回答问题转变为学会寻找问题，发现问题。这就使教师激发学生的学习热情，参与互动的能力变得尤为重要。

教会学生多维度地探索问题，而非重复标准答案。创新意识的加强，是数字化时代对学习者更高的要求，因此引导学习者进行学术探索，并激发他们的创新意识，就成为数字化教学对教师提出的一项重要要求。

第三节 迎接数字化教育变革

开启新一轮数字化教育变革

很多新兴产业在诞生之后，会迅速进入大众的视野，但这种表面的热度会随着时间的推移而逐渐下降，当产业的发展切实落地之后又会重新在市场上崛起。自2014年开始发展至今的在线教育行业也符合这个规律。在线教育行业几年前的热度并不是很高，但随着疫情的催化，如今已成为众多实力型企业重点布局的领域。

网易、百度、腾讯、阿里等互联网巨头纷纷布局在线教育产业，该领域随即呈现出全新的发展趋势，在沉寂过一段时间后重新成为实力型企业争夺的焦点。随着行业的不断发展，新入局者应该聚焦于此前投资者未涉足的领域，通过研发教育科技产品，对在线教育的发展潜力进行深度挖掘，进而找到自己的生存空间。

在线教育行业的上一个冬天是2015年，那时候国内创业领域的热度明显下降，在线教育的发展难以在短期内看到成效，对投资者的吸引力也迅速下降。以国内领先的综合性互联网教育平台沪江网为例，该企业于

2015年10月完成D轮融资，融资规模达10亿元人民币。但在D轮融资之后至2018年，沪江网并未进行大规模的融资。知名在线教育创业企业"跟谁学"于2015年3月完成A轮融资，融资规模达5000万美元。此时该教育平台只积累了数百万学生用户，2015年至2018年，"跟谁学"也没有发布融资消息。

通过进行数据对比与分析，能够看出2015年后在线教育的发展情况。2015年进行融资的在线教育企业数量达388家，融资总体规模达19.15亿美元，2016年进行融资的在线教育机构仅为100多家，融资总规模未及10亿，这体现出教育资本市场的热度下降。

随后到了2018年，在线教育市场经过沉寂后，又呈现出蓬勃发展之势。进入2018年，在线教育成为实力型企业竞争的焦点，网易旗下的有道于4月宣布完成融资，百度在4月正式进军智慧课堂，腾讯也在2018年为4家教育企业提供投资支持。为什么会出现这种情况呢？在这里总结出三方面的原因：

（1）技术：语音识别、人工智能、互动直播、大数据、云计算等先进技术的发展取得了长足的发展，为在线教育提供了有力的技术支撑。在这样的大背景下，即便是刚刚进入在线教育领域的企业，也能够依靠先进的技术手段在垂直领域进行深耕。

（2）政策：进入2018年后，教育部通过文件形式大力倡导发展国内的智慧教育，计划建设智慧教育示范区，为该领域的发展提供政策性支持，以百度、腾讯、网易等为代表的巨头企业积极把握政策红利，在网络教育行业展开布局。

（3）沉淀：在线教育自诞生以来，就一直在持续不断地完善课程内容体系，至今，教育课程资源已经能够适应各个年龄阶段的用户，以网易为例，其教育课程已经包含了幼儿园、小学、中学、大学及职场人士所需的专业内容。经过几年的积累，课程资源更加丰富，为在线教育的市场化运作打下了坚实的根基。

随着2020年疫情的突如其来，给在线教育行业又打了一针"强心剂"，在线学习成为获得教育的首选方式，伴随而来的新一轮数字化教育变革也由此展开。

数字化教育环境下的技术应用

现如今，云、网、端相结合的互联网基础设施建设已经取得了初步成就。利用大数据技术，教育行业能够更加充分地把握教学、学生、管理、科研等相关信息，提高教育服务的针对性。云计算能够提高知识存储的能力，互联网能够打破时空因素的限制满足用户的学习需求，社交网络则能够提高交互性，详见图1-4所示。

图1-4 数字化教育环境下的技术应用

◆云计算

企业在信息处理及存储过程中采用云计算方式，能够对海量资源进行高效管理。将云计算应用到教育行业中，即为"教育云"，能够为今后教育信息化的发展打下结构基础，为教育信息化的建设提供系统化的硬件计算资源，并对资源进行数字化处理，为教育从业者、学生、教育部门等提供平台支持，通过输出优质的服务内容满足教学、学习及教育管理所需。

政府机构的政策支持有力推动了国内云教育的发展。教育部于2012年推出"中国数字教育2020"行动计划，着力打造教育云资源平台。

2012年2月，国家规划办将亚洲教育网素质教育云平台纳入"十二五"规划课题中，吸引诸多企业加入教育云领域，许多相关政府部门也积极开展云平台建设，推出包括华北基础教育云、华师京城教育云、国家开放大学教育云、国云科技教育云等在内的云教育平台。与此同时，海外国家的信息技术企业也在该领域展开布局，联想、惠普、微软、谷歌等等都推出了云教育平台。

◆大数据

在2020年新冠疫情防控期间，国家中小学网络云平台作为保障"停课不停学"的"国家队"，经受住了考验，为亿万中小学生的在线学习提供了重要支撑。随着疫情防控的常态化，云平台将持续发力，通过提供多种服务发挥重要作用：一是服务教师课堂教学，提高课堂教学效率与质量；二是服务学生自主学习，培养学生自主学习习惯和能力；三是服务农村提高教育质量，缩小城乡教育差距、促进教育公平；四是服务应对重大公共事件，提升基础教育应对重大突发事件的能力。

2021年教育部、国家发展改革委、工业和信息化部、财政部、国家广播电视总局等五部委联合印发了《关于大力加强中小学线上教育教学资源建设与应用的意见》，目标是到2025年构建三个体系，一是基本形成定位清晰、互联互通、共建共享的线上教育平台体系；二是覆盖各类专题教育和各教材版本的学科课程资源体系；三是涵盖建设运维、资源开发、教学应用、推进实施等方面的政策保障制度体系。

◆互联网、移动网、物联网与端

网络体系中包含多个"端"，对外开放端口说明网络处于正常运行状态中，还能对网络体系进行延伸，实现"网"与"端"的连接。在"三通两平台"项目实施的影响下，宽带网络覆盖到了大部分校园，建成完善的互联网体系，为数字化教育的发展提供了基础保障。

互联网巨头的数字化教育布局

下面再让我们看看国内知名的互联网巨头企业对在线教育行业进行的布局方式，它们各有特点：

网易聚焦于打造生态体系，拥有独立的产品和服务项目，建立起硬件与软件兼备的生态系统，逐渐形成了完整的闭环。企业能够凭借独立的产品开发能力进行深度的价值挖掘，拥有广阔的市场发展前景。

腾讯更注重产业投资。进入2018年后，腾讯投资了多个教育项目，向第三方教育合作者进行平台开放，联手打造在线教育生态，整个系统的开放程度较高。

百度在ToB领域展开布局，为学校提供平台支撑与技术资源，不断加强与学校之间的合作关系。

阿里巴巴以及旗下的云峰基金截至2019年6月已经投资了10家教育行业的公司，包括VIPKID、宝宝树、TutorABC、作业盒子、兰迪少儿英语、CC英语等等。阿里投资集中于中晚期项目，以学前教育、少儿英语为主。和腾讯、百度在教育行业的投资布局做对比，阿里的投资力度要大于百度，小于腾讯。

◆腾讯赛路切换

在布局在线教育领域的过程中，腾讯旨在联手学校，共同推进校园教育与互联网的结合发展。初期发展教育业务时，腾讯走的是自研道路，如今则逐渐转向投资生态建设。

在布局教育领域的初期，腾讯采取的是自研方式，具体表现为：腾讯于2013年推出以职业教育为主要内容的精品课，2014年上线腾讯课堂，2015年开始运营腾讯大学，2016年推出企鹅辅导，教育内容覆盖幼儿园、小学、中学各个阶段。随着发展，包括QQ智慧校园、腾讯微校等在内的教育业务的智能化发展水平不断提高，很多业务内容开始借助于微信、QQ等数字化技术工具开展运营。如今，腾讯将很多业务内容交给更加专业的第三方企业来承担，逐渐转变了发展方向。

近年来，腾讯投资的教育企业数量逐渐增多。分析腾讯的业务发展过程可知，近年来，腾讯越来越注重在线教育领域的发展，并为其提供了更多的资金支持，在这个过程中，腾讯的注意力从自研逐渐转向基础设施业务的建设及智慧教育方案的提供。

2019腾讯全球数字生态大会的智慧教育分论坛上，腾讯正式推出了面向智慧教育领域的教育品牌"腾讯教育"。腾讯未来将会以"3C"战略为主，即"连接"（connection）"内容"（content）和"责任"（commonweal），主打to B市场，致力于实现教育公平化、个性化、智慧化。整合后的腾讯教育将向个人、学校、教育机构、教育管理部门，提供智能连接、教学、科研和管理。

腾讯教育被赋予教育行业"数字助手"的职责，其主要目标是帮助教育企业、学校机构完成全面的数字化转型。教育企业，腾讯可以提供教育平台、软件技术支持；腾讯可以为人提供科学管理系统，优化导师教学质量和体验。

腾讯的战略布局一方面是给学校、教育机构、管理机构提供技术支持和产品合作；另一方面，腾讯还投资了大量的教育企业，拥有许多外部的合作伙伴，整体战略讲究的是细水长流。在合作过程当中，腾讯完全有能力将社交这一个概念渗透进去，让自己的社交产品深深扎根在教育行业中。比如在腾讯课堂平台上，需要登录微信或者QQ才能收听课程；课程支付需要使用微信支付；腾讯微校可以将学生和学校更紧密地与微信绑定在一起。

◆ **网易的群狼矩阵**

在布局教育业务方面，网易采取了明显区别于腾讯的发展方式，着眼于内容、硬件、教师资源的建设，进而打造教育生态体系。网易的教育生态聚焦于C端的发展，旨在通过开发各类软硬件工具类产品，服务于不同教育阶段的用户群体。

与腾讯大量分散投资合作、落棋布子策略不同，网易在长期的发展过程中一直注重产品打造，在这方面，网易已逐渐建立起自己的群狼矩阵。具体而言，网易通过有道精品课和网易公开课，再搭配相关的辅助App，如有道词典、有道云笔记、有道卡搭等等，来帮助网易在在线教育布局上实现矩阵式地配合。

数据统计结果显示，网易有道的工具类移动应用产品聚集的用户总体数量早已突破8亿，仅有道词典的用户就达7亿以上，各类产品的日活用户达1700万以上。网易的这些产品能够被应用到用户的日常学习及生活中，能够有效提高用户黏度，为网易的相关教育产品提供流量资源，这一点使网易在开发在线教育领域的过程中具备显著的优势。

在课程内容方面，网易拥有完善的教育内容体系，引进了众多的名师资源，并与专业机构达成了合作关系。网易旗下的有道精品课、网易公开课、网易云课堂、网易卡搭编程、网易100分等，包含了学前教育、小学、中学、高等教育及职业技能教育等不同阶段的教育内容及专业的内容资源。

在布局线上教育的过程中，网易从名师、专家、机构入手，以"人"

为核心建设课程内容。比如，网易云课堂聚焦于打造在特定行业中拥有专业知识技能的专家，着眼于IP推广、服务提供。

在硬件产品的发展上，网易采用硬件产品与软件产品相结合的发展方式，共同构成完善的产品生态体系。

网易推出许多面向用户的教育职能硬件产品，具体包括智能答题板、有道词典笔、有道翻译蛋等。从表面上分析，尽管此类硬件产品的应用场景并不多，但在教育信息化快速发展的带动作用下，新兴的学习型硬件产品逐渐在学生群体中普及开来。

◆ 百度的两个场景

百度文库、百度阅读、百度智慧课堂是百度在教育领域的三大产品线，共同构成百度智慧教育生态体系，这个生态体系包括两个场景：用户自学场景与学校教学场景。

面向C端的用户自学场景：现阶段下，百度文库的教育资源所涉足的领域超过50个，文档数量接近2亿。百度阅读联手500家出版集团，推向市场的正规书籍超过20万本。

面向B端的学校教学场景：百度智慧课堂针对教师、学生与学校的需求，推出一系列人工智能课程内容以及智能工具解决方案，能够在备课、课堂教学、课后互动等环节发挥作用。可利用大数据技术促进校内资源整合，提高资源管理能力，加速系统内的信息流通，帮助教师更加全面地了解学生的相关情况。

从整体上来分析，百度更倾向于面向B端的教学场景建设，在此基础上改变学生的学习方式。具体而言，百度的在线教育能够利用技术手段对学生的学习兴趣、知识能力进行准确定位，据此推出具有针对性的学习方案，并提供相应的学习内容；利用技术手段提高教师的备课效率，丰富其教学内容和教学形式。

这种布局在线教育的方式既有优势也有不足。优势体现在，学校在国内教育中占据主导地位，以学校为切入点发展智慧教育比较可行。不足之处在于，面向C端的工具产品、课程资源还不充足。

◆阿里的两个逻辑

阿里在教育领域进行的布局遵循两个逻辑：服务于阿里自身；对外投资。

阿里在电商教育、业务教育、职业教育方面进行布局，推出"阿里云大学合作计划"、建立淘宝大学等等，都是为了促进阿里自身业务的发展。

与此同时，阿里还在教育领域进行了投资，具体如投资TutorGroup在线教育机构、超级课程表。与在线教育同时发展的还有线下教育，包括云谷大学、湖畔大学，发展线下教育项目同样是为了服务阿里本身。

数字化教育的未来模型

我们能够从上文中以腾讯、百度、网易为代表的巨头企业在教育领域进行的布局里窥探到未来数字化教育的一些模样，我们可以把其称之为数字化教育的未来模型，详见图1-5。

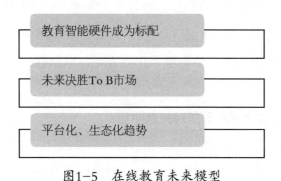

图1-5 在线教育未来模型

◆教育智能硬件成为标配

传统模式下的教育硬件主要是指黑板、课本、笔记本、练习册等纸质、有形的物品。伴随着大数据、网络信息技术、云计算等技术在教育领域的应用，未来教育的数字化发展水平将不断提高，在这个发展过程中，教育智能硬件将逐渐得到普遍的应用。

有道在2018年4月进行首轮融资时，公开表示要在教育硬件产品方面进行重点建设与发展。在网易之外，谷歌也在2018年5月举行的I/O大会上表示要打造虚拟现实实验室，方便学生进行远程学习。此外，在基础教育领域，谷歌于2018年3月发布全球首款ChromeOS平板电脑。

从中能够看出，硬件产品在教育行业的发展过程中占据着十分重要的地位。但硬件从开发到投入市场是一个长期的过程，其运作有赖于企业提供的长期资金支持，而率先在这个领域展开布局的网易占据着优势地位。

◆未来决胜To B市场

一方面，我国的教育行业围绕学校开展运营，因此以学校端为切入点发展在线教育更适合国内的教育环境，也能够有效拓宽优质教育的覆盖范围，让更多学生从中受益。

另一方面，在数字化教育生态圈逐渐完善后，位于生态内的不同类型企业将在为生态服务的同时获得自身在教育行业领域内的生存空间，如何与这些不同类型企业共同把数字化教育生态圈做好，将是未来决胜的关键。

◆平台化、生态化的趋势越来越明显

高效持续的优质人才的供给，持续推动自身的科研投入，持续推动自身对应技术的升级、应用及内化，加之国家政策引导，正在推动我国从"人口红利"大国向"人才红利"强国做相应的转型。在这个过程里，数字化教育将呈现越来越明显的平台化、生态化特征。

从2016年起华为就一直致力于线上学习空间的建设，借此帮助教育行业向数字化转型。华为打造的数字化人才培养平台，是以课堂企业教+课外企业教的方式培育卓越的工程师；以聚集本地+外地实训企业打造实训高地；用实习的方式实现人力资源"削峰填谷"，最终达到精准对接。

数字化平台的建设必然依托于技术。教育与新技术的关系不同于其他行业与新技术的关系。可以说，大多新技术都来源于教育，同时也会应用到教育本身。新技术与教育有三层关系：一是新技术的持续演进，比如从4G到5G再到6G，需要科学家持续地探索，对应的是高等教育培养的拔尖人才；二是新技术的推广，比如将人脸识别技术应用到闸机上，再将人脸识别的闸机布设到各个闸口，都需要海量的工程师，对应的是高等教育培养的卓越工程师；三是新技术会应用到教育行业本身，即纵观人类发展史，新技术出现总会带来教育形态的改变。

华为的在线教育平台承载了云计算、大数据、人工智能、集成电路5G等新技术的人才培养内容，同时应用这些新技术，在持续建设云端实验室、自动判题、人才画像、在线考试等新功能。此外，华为跟教育行业的合作也是非常广泛的，尤其是与高校的合作。华为凭借自身能力开放优势和"平台+生态"的战略优势，给高校提供了3个解决方案，分别是智慧校园解决方案、智慧教室解决方案和智慧教学解决方案。

可以肯定的是，数字化教育背景下的教育行业将呈现生态化、平台化特征，因此整个行业在硬件、软件及内容方面都需要进行布局，并将不同环节的运营结合起来。这种发展模式的优势体现在能够建立统一的标准，提供系统化的服务。这就是数字化教育的未来模型。

数字化教育的现状与趋势

第一节　由数字化推动教育转型

智能网络时代的教育新形态

在"数字化"的推动下，我国教育资源的供给能力及适应性服务能力得以大幅提升。随着互联网与教育深度融合，大众教育观、学校发展观、公民学习观、课堂教学观都发生了极大的改变。在此形势下，要想紧抓"数字化"带来的机遇深化教育改革，推动教育现代化迈向一个全新的发展阶段，就必须对互联网促进教育变革的规律有正确的认知，对数字化环境下的教学方式、教学形态进行深入探索。

从某种程度上说，数字化是对网络空间进行充分利用，将信息通信技术融入各行各业，推进行业创新与发展。历史创造了当下，并对未来有着极其重要的预示作用，所以，要想对数字化教育创新做出准确判断，对数字化教育变革趋势做出精准把握，就必须对教育发展历史有全面了解。也就是说，要想对数字化教育的变革发展规律有正确的认知，就必须对教育发展历史，特别是近代教育形态的转变进行详细研究、认真反思。

　　教育是一种人类生产劳动催生的社会现象，最初的目的是满足人类参与社会生活的需求及自我发展需求。教育随人类历史的出现而出现，随人类社会的发展而发展。从原始社会到农耕社会，再到工业时代、信息时代，生产力不断发展，人类社会不断进步，教育也随社会发展及人类需求的改变而改变，这种改变主要表现在学习内容、学习环境、学习方式三个方面。

　　在原始社会，人类为了获取更多的生存资料，为适应自然而开展最基本的教育活动，教育内容与原始社会的生活、生产需要相契合，主要是对部落习俗的学习和对生存技能的模仿。进入农耕时代之后，人类不再以狩猎为生，开始远离丛林，劳动剩余逐渐增多，一个涵盖了家庭教育、社会教育、学校教育的相对完整的教育体系逐渐开始形成。

　　在这个时代，书院成为教育活动的主场所，学生通过阅读、吟诵、领悟等方式进行学习，学习内容主要是农耕知识与道德规范。也是在这个时期，人类的学习活动开始与社会期许、仕途发展建立联系。

　　18世纪60年代，随着蒸汽机及蒸汽驱动制造设备的出现，第一次工业革命轰轰烈烈地展开，人类迈进了蒸汽时代。相较于农耕时代来说，这一时期的教育并未发生太大的改变，直到19世纪下半叶。

　　19世纪下半叶，以电力驱动、劳动分工为特点的大规模生产出现，第二次工业革命正式开启，人类进入电气时代。大规模生产需要大量的产业工人，为了加快工人培养速度，提升工人培养效率，班级授课制应运而生，农耕时代的个别化指导与自学的教育方式发生了极大的改变。在这个阶段，人类学习的目的是获取从事生产活动需要的基本知识与技能，学习内容主要是科学知识、制造技能、人文素养，学习时间、学习场所相对固定，学习方式比较标准，主要是听讲记忆、掌握学习，所有的学习活动都要遵循三大原则，分别是直观性原则、巩固性原则和循序渐进原则。

20世纪70年代，随着电子计算机的出现和普及，人类社会迎来了第三次工业革命，进入信息时代。进入21世纪之后，计算机、自动化技术取代了大量人工劳动，记忆、操作熟练、标准化的学习方式不再适用，人类亟需实现个人终身发展。为满足这一需求，人才培养目标、学习内容开始倾向于自主发展、信息素质的培养和社会参与，学习方式愈发多元化，合作探究式学习、联通学习、混合学习逐渐普及，传统的物理学习空间被打破，学习活动逐渐延伸到网络空间。

或许到21世纪中叶之后人类社会才能真正进入智能时代，届时，人工智能及增强智能技术的作用不再是解决特定领域的问题或完成单一的任务，而是全面推进行业变革，为人们的生活、工作、学习服务。到那时，人类社会将真正进入人人互联、人物互联、物物互联的智能时代。为维护全人类的共同利益，社会将对学习能力、社会责任、设计创造能力提出更高的要求和更强烈的需求。随着学习资源愈加丰富，在智能技术的支持下，人类极有可能实现随时随地学习，学习内容将与真实的世界产生密切联系，学习方式将愈发个性化。

现如今，人类社会处在信息时代的早期或者中期，教育形态延续了工业时代末期教育形态的特征，这个过程还将持续很长一段时间。数字化与教育行业的融合不仅会扩大教育规模，拓展教育空间，还有可能提升教育质量，优化教育结构。我国要想从教育大国发展为教育强国，必须对数字化引发的教育变革有清醒的认知，从全局视角对教育改革进行设计，对教育综合改革进行深化。

从工业时代到信息时代

研究教育首先要回答三个问题，即"学什么""怎么学""在哪儿学"。其中，"学什么"明确了教育内容及人才培养目标；"怎么学"明确了教学方式；"在哪儿学"明确了教学环境。工业时代的教育活动表现出三大特征，分别是"双基"教学、班级授课、封闭式校园；信息时代的教育活动也有三大特征，分别是个性化学习、数字公民培养、互联网环境。在前者向后者转变的过程中要经历教育信息化这个关键过程，教育信息化也有三大特征，即信息化教育、注重培养学生的核心素养、构建数字化学习环境。

当前，人类社会的教育呈现的是工业时代教育的特征，信息时代的教育特征有所显现，但不太明显。对比这两个时代的教育，学习内容、学习环境、学习方式都存在显著差异，教育信息化就是工业时代教育向信息时代教育转变的过程。至于信息时代的教育如何转变为智能时代的教育现在还未可知，这是未来教育智能化需要探讨的课题（见图2-1）。

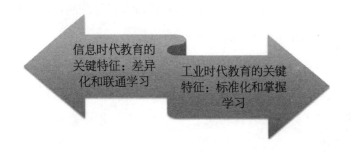

图2-1 信息时代与工业时代教育比较

◆**信息时代教育的关键特征：差异化和联通学习**

相较于前三个时期来说，信息时代的教学模式、人才培养目标、学习环境表现出了明显的不同。进入信息时代之后，学习模式变成了联通学习，学习内容变成了知识点互联形成的知识网络，与学习者的生活、个人发展密切相关，社会化、网络化特征愈发鲜明。在信息时代，教育的终极目标是在数字化环境下，借助个性化学习方法培养数字公民。

　　数字公民是能经常使用互联网，在互联网使用标准与原则的指导下，利用互联网技术让工作、生活、学习都能实现数字化，为社会发展产生持续推动作用的新一代公民。数字公民一方面享受着数字时代带来的各种便利，一方面要应对数字化学习带来的各种挑战。为了满足未来社会的发展需求，学校教育开始注重数字公民的培养。

　　个性化学习，或者说是差异化学习是一个与大规模集体学习相对的教学理念，真正做到了以学习者为中心，以学习者的差异化学习需求为基础，满足其学习偏好。个性化学习只有在开放互联的学习环境下才能实现。

◆工业时代教育的关键特征：标准化和掌握学习

　　在工业时代，教育活动强调在封闭的校园环境下，通过班级授课让学生掌握基础知识与基本技能，这种教学模式简称"双基"教学。"双基"教学的目的是让学生在反复练习中掌握基础知识与技能，班级授课这种教学形式也很好地契合了工业时代的发展需求。

　　一直以来，我国基础教育课程改革都强调让学生自主探究、协作学习，但相较于传统工业时代的教育来说，我国现阶段的教育并未表现出太大的区别。在从标准化教育转向个性化教育的过程中教育信息化将发挥极其重要的作用。

从标准化到个性化

　　数字化教育指的是将现代信息技术全面引入教育领域，推动教育改革与发展的过程，促使信息技术与教育深度融合，推出全新的人才培养目标，推动新型学习方式落地，辅助现代学习环境的构建（见图2-2）。

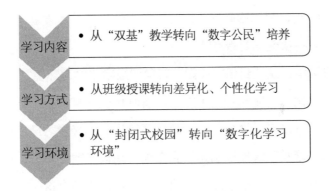

图2-2 从标准化向个性化的发展演变

◆学习内容：从"双基"教学转向"数字公民"培养

随着数字化教育的不断推进，移动终端设备逐步实现普及应用，线上资源越来越多，学习者可借助互联网获取各种资源，但很多学校仍沿用了"双基"教学，互联网数字资源并未得到充分利用，因为数字公民追求的内容载体与"双基"教学需要的数字资源存在一定的差异。"数字公民"是一个统称，在数字公民培养方面，不同的国家有不同的培养目标。

◆学习方式：从班级授课转向差异化、个性化学习

在工业时代，教育表现出了标准化的基本特征，学习方式主要是听讲记忆、答疑解惑、应对标准化测试，学习路径表现出了同质化、线性化的特征。而在信息时代，教育的基本特征转变为差异化学习。数字化教育是在涵盖了丰富技术的教学环境的基础上，采用多元化的教学策略与形成性评价，促使现代数字技术与学科教学深度融合，推动班级授课转向个性化学习。

相较于传统班级授课制的教学模式来说，信息时代的差异化教学模式发生了根本性变革，教学准备将从备课转向学习设计，教学过程将从知识讲授转向组织开展学习活动，教学评价将从学期考试转向关注整个学习过

程。在数字时代，利用物联网、云计算、大数据等技术发展起来的混合学习、联通学习将备受学习者青睐。

◆**学习环境：从"封闭式校园"转向"数字化学习环境"**

与工业时代的封闭式校园不同，信息时代倡导打造一个开放的数字化学习环境。一直以来，学校都是重教学环境设计，轻学习环境设计，使得封闭式校园环境及班级授课制延续到今天。在很多家长看来，孩子只有到学校才是学习，出了学校就没法学习，要想让家长转变这一观念，学校必须创建一个开放互联的学习环境，转变教学理念。

在教育变革的过程中，一个开放互联的学习环境至关重要，它不仅可以激发多种思维，还能与人类学习复杂化、个性化、随机性的特点相适应。作为开放互联环境的典型形态，智慧型学习环境可以对学习情景进行感知，对学习者的特征进行识别，为学习者提供能满足其个性化需求的学习资源及与其他师生互动的工具，将学习过程、测评结果自动记录下来，为师生提供一个开放的学习环境与个性化服务，让学习者能随时随地实现学习的学习场所与空间。

技术驱动产业升级

近年来，信息技术与通信技术的推动加快了社会信息化的发展，对诸多社会领域、社会层级及社会系统产生了影响，教育行业就是其中之一。在行业转型升级的过程中，先进技术的力量与行业改革的意识发挥着重要的推动作用，具体表现在以下几个方面（见图2-3）：

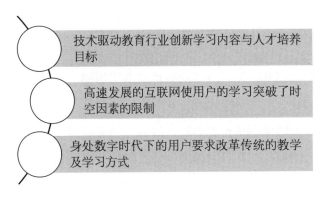

图2-3 技术驱动的教育产业转型升级

◆**技术驱动教育行业创新学习内容与人才培养目标**

传统模式下，教育行业制定学习内容是为了满足社会发展对产业工人的需求。现如今，依托高新技术产业发展起来的知识经济对学生的能力提出了新的要求，以往的学习内容逐渐脱离了社会发展的需求。进入21世纪后，为了创新学习内容，许多国家从自身国情出发，对传统的课程标准及人才培养目标进行了调整与改革。

我国推出的《中国学生发展核心素养》确立了不同学科的发展目标，为学校的课程教学改革提供了指引，重点强调了教育的根本目的。为了实现新的人才培养目标，要实施全方位的教学改革，对现有的教材、学习内容等等进行调整与重新编订，补充更多的数字资源，选择适当的学习评价方法。

◆**高速发展的互联网使用户的学习突破了时空因素的限制**

随着互联网的高速发展，现实物理世界、数字世界与网络世界都将对用户的学习与生活产生重大影响。其中，人们所处的客观世界为现实物理世界；在现实物理世界的基础上加以创新，由数字化事物、不同事物之间的联系，以及人们的活动构成的世界为数字世界，也就是我们所说的"网络空间"；与现实物理世界存在明显差别，借助虚拟现实、人工智能、信息互联网等先进技术手段构建的世界则为虚拟网络世界。现实物理世界、数字世界和虚拟网络世界形成的立体化空间涵盖事物集成、数据集成和语义集成三方面。这几种集成方式能够把分散的事物汇聚到一起，并发现它们之间存在的联系，建立起共同的体系。

数据集成能够依据一定的逻辑，或者在物理层面上把分散的数据汇集起来，用户可以通过公开、有效的方式进行数据搜索与获取，能够促进信息的交流与共享，实现资源的有效利用。语义集成能够依据一定的规则，借助本体技术发现不同词语、概念之间存在的联系，把分散的语义汇集起来，体现用户的线上互动价值，并提高其信息沟通的效率。简言之，事物集成、数据集成、语义集成能够借助人工智能、大数据等技术手段，按照一定的逻辑把不同的事物、数据、语义进行集成，建立完整的知识体系，形成清晰的层次等级，实现大数据在教育领域中的深度应用，促进教育行业与互联网的结合发展，在原有基础上拓展学习空间，提高知识资源的利用率。

◆ **身处数字时代下的用户要求改革传统的教学及学习方式**

在数字时代下，传统的信息传播方式、教学方法与学习体验，以及学习内容的展现、学习资源的获取方式等，都在技术发展的驱动作用下发生了变化。新时代背景下的学习者要注重与他人之间的互动，以创新、协作的方式解决问题，在学习过程中发挥技术力量的推动作用。为此，要明确教育变革的目的，通过改革传统的教学理念与教学方式，对接学习者的需求。

传统时代下，学习者采用的是被动的学习方式，其角色仅限于内容消费者。在新媒体纷纷涌现的今天，学习者开始由被动转为主动，在进行内容消费的同时也能够独立进行内容生产。不仅如此，越来越多的人倾向于选择个性化学习、泛在学习。但在现阶段，学校实施的教学方式及学生可以选择的学习方式不符合学习者的偏好，普遍存在教师、家长对学生了解有限的问题。这是由于在数字时代，传统教学思维已经跟不上时代的发展需求，不符合学生的偏好。另外，因为不同学校的数字化发展程度不同，学校之间开始产生难以逾越的数字化发展差距，导致不同学校之间存在教育质量参差不齐的情况。针对这个问题，在进行教育改革的过程中，要深入分析并把握学习者的诉求，在此基础上创新学习方式，了解他们的生活、学习方式。

利用先进的数字技术手段改革传统的教学模式，丰富学习内容与学习方式，拓宽学习者的选择空间，鼓励学生参与学习内容的生产，并为其提供必要的帮助。近年来，许多国家都在实施教育改革，提高了对个性化学习的重视程度。我国也积极推动教育改革，在具体实施过程中，很多学校从自身发展需求出发，利用数字技术对传统的教学模式进行了改革。新型教学模式在环境、内容、方式等方面进行了调整，使教师的教学与学生的学习呈现出新的特点，有效促进了课程改革。其中，异地同步教学、网络空间教学能够促进不同地区之间的资源交流，缩小区域之间的教育差距；校园在线课程、翻转教学能够颠覆传统的教学与学习方式，提高学生参与的积极性与学习的主动性；能力导向式学习、引导式移动学习鼓励学生发挥其探究精神，提高学生的实践能力。

我国的在线教育目前以继续教育、高等教育与职业培训为主。现如今，我国也在积极尝试基础教育领域的在线教育。举例来说，华东师范大学慕课中心牵头在成立高中C20慕课联盟后，紧接着建设了初中、小学的C20慕课联盟，希望充分发挥网络平台的优势，将分散在不同校区的优质的师资力量集中到一起，利用数字网络技术，培养更加优秀的创新人才。在这个过程中，数字化教学创新模式的普遍应用，有效促进了现代教育的发展。

第二节　数字化教育现状

技术特征与优势

21世纪以来，随着数字技术的普及应用，整个教育行业迈进了数字化时代，数字技术逐渐成为非常重要的学习工具。从投影仪、电脑教室到互动课堂、在线教育，数字技术与教学活动结合得愈发紧密，教学方式和学习方式发生了很大的改变。

教育信息化有四大特点，分别是数字化、智能化、网络化、多媒体化。在这些特点的支持下，教学过程中的很多疑难问题都能得以有效解决，推动教育、教学资源实现共享，提升管理、沟通效率，推进素质教育开展（见图2-4）。

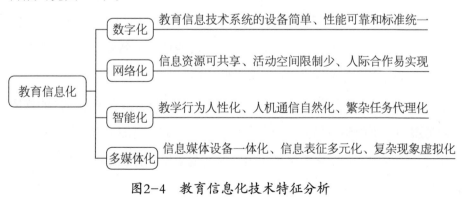

图2-4　教育信息化技术特征分析

◆ **提升学习效果**

在数字化教育环境下，学生一改被动学习的状态，开始主动学习，学习效果显著提升。美国缅因州国家训练实验室的研究结果显示：在传统教育体制下，教师照本宣科，学生根本无法全身心投入课堂，很多知识过耳即忘，学习内容的平均留存率只有5%，学习效果非常差。但在视听、演示等体验式教学模式下，学生的学习兴趣高涨，对知识的记忆也更加深刻。目前，教师大多选用"多媒体演示"法开展教学活动，比如在讲解《天体运动》时，利用多媒体播放太阳系运动轨迹，让学生直观地感受天体运动，进而增进对知识的理解，加深对知识点的记忆。除此之外，还有一些学校鼓励学生利用信息技术搜集资料，参与小组讨论，分享自己的知识与经验。总之，这种通过计算机、多媒体引导教学的方法极大地增强了学生的学习兴趣，使学习效果得以进一步提升。

◆ **解决教育资源分配不公**

经济发达地区与不发达地区之间、城市与乡镇之间存在严重的教育资源分配不均衡问题。据统计：20世纪70年代至90年代，北京大学有大约30%的学生来自农村；进入21世纪以来，北京大学农村学子的占比降到了1%左右。这一现象说明教育资源分配不均给农村学生升学造成了极大的影响。

但在信息技术的作用下，农村地区、经济欠发达地区的教学环境有了极大的改善。这些地区的学校通过建设网络学习空间，可以获取优质的数字教育资源，在一定程度上平衡了教育资源落差。正是基于此，我国才大力推进学校数字化基础设施建设和"教育云"建设。

◆ **提高管理沟通效率**

在数字化教育环境下，校园管理、学校与家长沟通等方面都愈发便利。比如，学校引入教务管理软件之后，学生的学籍管理、档案管理、成绩管理都能实现自动化；在推行校园一卡通之后，图书借阅、食堂消费、宿舍门禁凭一张卡就能完成；在创建了校园网之后，教师可线上备课，通过网络传输课件，及时与家长沟通。

发展阶段与特点

数字化教育的发展可划分为三个阶段：一是计算机辅助教学阶段，二是计算机辅助学习阶段，三是数字技术与课程融合阶段。所处的阶段不同，教育的侧重点也不同。在前两个阶段，数字化教育主要强调发挥学生的主观能动性，鼓励学生利用信息技术主动学习，而在第三个阶段，数字化教育强调利用数字技术创造一个良好的学习环境（见图2-5）。

图2-5 数字化教育三大发展阶段

◆计算机辅助教学阶段

在计算机辅助教学阶段，计算机、数字技术的主要功能是为教师服务，信息技术、多媒体设备是用来辅助教学、科研、管理工作的工具。在数字化教育发展初期，学校采购了很多硬件设施，比如台式机、电子白板、投影仪等等，用这些设备代替原来的挂图、小黑板、幻灯片为教学活动提供辅助，通过演示解决教学过程中的重点、难点。特别是那些比较抽象的知识点，利用数字技术形成交互式的三维图像可以让学生产生真实的体验，便于理解，激发学习兴趣。

在此阶段，教师及其他学校管理人员开始利用计算机进行教学管理，比如管理教学资源及教学流程等等。这不但提升了教师的工作效率，推动整个教学过程顺利开展，还能实时反映学校各项工作的开展状态。目前，在我国发达地区，一些学校已根据需要创建或者购买了教学管理系统，各个子系统相互独立。随着数字技术不断发展，管理需求越来越多，学校势必要构建一体化的教学管理平台。

◆计算机辅助学习阶段

在计算机辅助学习阶段，学生要利用数字技术主动参与学习。随着基础硬件设施不断普及，校园网络、网络课堂均得以构建。在此阶段，在信息技术的支持下，教学模式从"以教为主"转变为"以学为主"，学校开始重点关注学生对数字技术的使用情况，鼓励学生利用数字技术主动获取学习资源，开展学习活动，比如主动利用计算机搜集资料解决学习过程中遇到的疑难问题，构建一个探索性的学习环境。

也就是说，这个阶段不仅注重用计算机辅助教师教学，更倡导用计算机辅助学生学习。在此阶段，数字化教育方面的投资主要集中在硬件设施、软件设施升级方面，比如完善网络，引入交互式电子白板等新型硬件产品，建设多媒体教室、教育资源中心、网络教室，为学生创造一个主动学习的教育环境。

◆数字技术与课程融合阶段

在数字技术与课程融合阶段，数字技术全面融入教学过程，创造了一个开放的学习环境，在这个环境中，学生可以自主探索、分享资源、合作学习、多重交互。学生甚至可以利用数字技术与名师交流，自主选择学习科目，自行制定学习方案。在此阶段，线上教育开始与线下教育融合，学校、学生、教师之间的关系发生了极大的改变，整个教育行业开始变革，教育机构开始重组，教育资源开始重新分配。

★学校：知识传播功能逐渐弱化，鉴别功能不断增强。在极端情况下，学校可以发展为鉴别知识水平的考试机构与证书发放机构。

★教师：教师的角色会发生一定的改变，会从知识传授者转变为学习组织者与协调者，不再一味地照本宣科，而是对学生的学习活动进行协调、指导，培养学生获取信息、利用信息的能力。

★学生：学生的知识获取渠道愈发多元，对知识的态度逐渐从被动接受转变为主动获取、处理、利用。

数字技术与课程融合阶段会形成一个智慧学习的生态环境，这个学习环境具有泛在性、普适性的特点。在此阶段，学生会对校内外的各种资源进行整合应用，开展学习活动，在线教育将飞速发展。

（1）智慧学习空间

数字化教育的目标之一是打造一个智慧学习空间。为实现这个目标，就需要打通数字化教育的"云""管""端"，打造一个集智慧校园云、智慧教室、智慧校园、智慧终端于一体的多层智慧学习空间。通过互联网，家长、教师、学生可随时登陆"教育云"平台，增进沟通，共享资源。在这个环境中，家长、教师、学生这三大主体既是资源的提供者，也是受益者。同时，在一体化的信息系统中，数据可以不断积累，通过数据挖掘与智能决策可以将学生的学习路径记录下来，从而打造个性化的学习方案。具体如下：

首先，以"教育云"为中心创建顶层平台，对课程、习题、资料进行整合。"教育云"平台为师生提供包括平台服务、教育应用软件服务在内的综合服务，其中平台服务指的是教育云集成管理平台，教育应用软件服务提供了包括远程教学系统、电子书包系统在内的各类软件应用服务。

其次，打通"云""端"之间的大容量智能化信息管道，包括改造教育网络、升级网络带宽、普及5G、无线网络等等。只有信息管道畅通，才能真正创建出互联互通、资源共享的开放学习环境。

（2）智慧学习生态

数字化教育的另一个目标是打造一个"泛在学习"的智慧学习生态。"泛在学习"指的是时时刻刻、随时随地学习的一种学习状态。在泛在学习环境中，学生根据自己的需要选择合适的学习空间与学习方式进行学习。在这个环境中，所有实际空间都能成为学习空间，知识获取、存储、编辑、表现、传播、创造打破了对教师和校园的依赖，校园、校外、线上、线下实现了全面联通，真正形成了"以学生为中心"的教育生态。

在此阶段，K-12在线教育市场将实现大爆发。过去，因为我国教育行业的网络环境还没有完善，家长对在线教育存在各种担忧，导致线上K-12课外辅导的发展速度比较慢。在"泛在学习"的智慧学习生态形成后，所有学习空间都将被打通，学校、家长将以更加包容的态度对待在线教育，K-12在线教育市场将实现迅猛发展，大量学生将从线下转向线上。

发展现状与目标

◆我国教育信息化发展不平衡

我国教育信息化发展不平衡有三大表现：第一，教育应用落后，虽然部分学校建设了多媒体教室、教学资源中心、网络教室，完善了硬件环境，但相关的教育应用比较少，信息孤岛问题依然存在；第二，缺乏优质的教育资源，资源无法共享，大量优质的课件、素材、资源分散在各个学校的教师手中，导致资源被极大地浪费了；第三，缺乏数字化教育人才，教师培训内容依然是课件制作，课程设计一味地套用国外的模式，数字技术没有真正地融入教学过程。

◆把数字化教育上升到国家战略高度

十九届四中全会《中共中央关于坚持和完善中国特色社会主义制度推

进国家治理体系和治理能力现代化若干重大问题的决定》对教育事业的发展做出了明确规定："发挥网络教育和人工智能优势，创新教育和学习方式，加快发展面向每个人、适合每个人、更加开放灵活的教育体系，建设学习型社会。"

对于智慧城市来说，数字化教育、智慧教育是非常重要的组成部分。作为民生改革的施力点，教育在智慧城市数字化建设方面发挥着至关重要的作用。根据国家"十四五"规划总体部署和教育部印发的《2020年教育信息化和网络安全工作要点》，这是党的十九大召开后编制的第一个五年规划，也是贯彻落实全国教育大会精神和《中国教育现代化2035》的第一个五年规划，其重要意义不言而喻。《中国教育现代化2035》加快信息化时代教育变革的要求同频共振，成为教育信息化在"十四五"期间发展至关重要的前提条件。

◆三通两平台是当期建设重点

《教育信息化十年发展规划（2011-2020年）》提出实施"中国数字教育2020"行动计划，在该计划的支持下，优质资源共享、教育管理数字化、学校数字化、数字化基础能力、可持续发展能力均取得了重大进展（见表2-1）。

表2-1 我国数字化教育阶段性目标

	2015年（应用、融合阶段）	2020年（融合、创新阶段）
网络建设	宽带接入，信息化装备达标，天、地网初步融合，基础环境基本形成	天、地网全覆盖，宽带互联网无缝接入，学习终端普及，基础环境成熟完善
优质资源充足	数字化学习资源总量扩充，质量提升，资源与学科内容深度整合，信息技术与教学初步融合	资源类型极大丰富、全面覆盖，信息技术与教学深度融合，教育模式、教学方式发生变革
教育信息管理	现有教育管理业务系统实现集成，新业务系统逐渐开发，实现"数据互通"	教育信息管理和决策支持平台的全面应用、发展和完善，实现"流程再造"

续表

	2015年（应用、融合阶段）	2020年（融合、创新阶段）
保障机制	技术研发、运维服务、管理决策等支持人才队伍初步形成，经费投入、人才培养保障机制初步形成	人才培养模式全面革新，保障服务队伍发展壮大，标准规范深入应用，可持续发展机制形成
师生水平	所有学生都接受信息技术教育，所有教师都达到教育技术能力标准的初级以上要求	所有学生都具备良好素质，所有教师都达到教育技术能力标准的中级以上要求
技术与教育融合水平	信息技术与教育初步融合，教育环境发生改变，全面渗透促成部分变革，信息技术深度影响教育体系	人人、处处、时时可学的教育信息化体系形成，学习型社会教育信息化支撑体系形成

现阶段，"三通两平台"是数字化教育的重点建设对象。"三通两平台"提出于2012年9月召开的全国信息化工作会议，其中"三通"指的是宽带网络校校通、学习空间人人通、数字资源班班通，"两平台"指的是教育资源公共服务平台、教育管理公共服务平台。《2014年教育信息化工作要点》提出：大力推广"中心学校带教学点"的教学模式，加快"一校带多点""一校带多校"模式的形成，对利用数字化技术拓展优质教育资源覆盖面的机制进行探索，"三通两平台"建设为教育资源分配不均问题提供了有效的解决方案（见图2-6）。

校校通	• 加强学校宽带网络建设，形成基本网络教学环境，完善包括网络设备、教师电子备课室等在内的基本设施。
班班通	• 加强优质数字资源建设，将优质教育资源传送到每一个班级，促进教育资源的均衡。
人人通	• 打造网络学习空间，提供面向学生、教师、家长的互动平台。
两平台	• 充分提高优质教育资源的利用率；以及提高各级教育主管部门、学校的管理效率。

图2-6 三通两平台内涵和目标

在"三通两平台"的支持下，教育系统的数字化水平得以切实提升，互联互通、资源共享均得以实现。正因如此，"三通两平台"成为当前数字化教育建设的重点。在"三通"中，校校通是基础，班班通是关键，两者相互作用构建了一个智慧化学习空间，人人通则是最终目标。"三通两平台"建立后，学校级、区县级的教育应用才能实现大规模应用，才能真正构建起智慧学习生态。

产业链主要玩家

近年来，数字化在教育领域实现了深入应用，网络基础设施、教育资源及应用产品、教育云平台将实现全面发展。在这个过程中，电信运营商、内容提供商、技术提供商将发挥越来越重要的作用，迎来重大的发展机遇。

◆电信运营商

在数字化教育建设领域，电信运营商的任务是构建网络环境，仅三通两平台中的"宽带校校通"就为电信运营商提供了广阔的发展空间。另外，电信运营商掌握着海量的终端用户信息，可以非常便捷地推广智能手机等教育应用类产品，还可以和第三方厂商合作为家长、教师、学生提供教育类应用产品。

以家校互动产品为例，电信运营商与开发商合作为家长、教师提供家校互动产品，其中电信运营商负责提供品牌支持，投入基础设施，建设通信网络，做好收费结算工作等等，开发商负责产品研发与生产，二者按照一定的比例分成。这方面有一些代表性的产品，比如中国移动的"校讯通"、中国电信的"家校通"等等。目前，电信运营商都在不断扩大教育产品的服务范围、创新业务模式。在这种情况下，系统开发商、技术提供商迎来了发展良机。

◆技术提供商

如果以产品类型为标准，技术提供商可以分为两类，一类是教育平台提供商，一类是教育应用提供商。其中教育平台提供商的主要职能是为学校及教育主管部门提供服务，按需定制教育资源平台、教育管理平台，科大讯飞的"区域资源公共服务平台"、天喻信息的"国家数字教育资源公共服务平台"就是其中的代表。教育应用提供商的主要职能则是为教育活动的参与者提供各种硬件及软件产品，科大讯飞的"畅言交互式多媒体教学系统"、立思辰的"智慧教室"等都是其中的代表产品。

（1）教育平台提供商。根据行业发展趋势，未来，对于教育信息化来说，互联互通、一体化平台的建设是重点。通过该平台，信息可实现顺畅流通，信息孤岛问题可得以有效解决。该平台可开放多种接口，加载多种功能模块，为特色教育应用的开发与接入奠定良好的基础。

天喻信息支持打造的国家数字教育资源公共服务平台（简称国家教育云），容纳了从小学到高中各个学科的教学设计、教学课件、课堂实录、难点解析等诸多内容，其目的是促进教育均衡发展。教师可以利用这些资源授课、备课，使教学质量与效率得以切实提升，学生也可以通过在线答疑向名师提问，还可以通过该平台观看名师课堂。

（2）教育应用提供商。一直以来，随着网络基础设施的不断完善及教育平台的创建，各类教育应用迎来了新的发展机遇。教育应用的内涵非常丰富，包括各种教育类的硬件和软件产品，可以是教育内容的电子化，或者搭载了内容与应用的定制终端，或者辅助教学工具，比如电子书包、教学设计系统、班班通系统等等，拥有广阔的发展空间。

科大讯飞的"畅言交互式多媒体教学系统"，该系统可以和班班通设备兼容，是一款以电子课本为基础，面向全学科的课程教学软件，支持交互式课件制作、同步资源快速调用、教学统计监管、互动教学智能化、教材有声化，可为日常教学过程中语言不标准、师生缺乏有效互动、资源无法直观调用、备课与教学分离、经济欠发达地区教师缺乏专业引导等问题提供有效的解决方案。在安徽、新疆等省市大规模推广使用该系统后，获得一致好评。

◆内容提供商

教育的目的就是传递知识，所以内容是核心，这里的内容指的是教育资源。也就是说，在数字化教育的发展过程中，教育内容提供商扮演着极其重要的角色。无论何时，能提供类型丰富、高附加值教育内容的企业都备受投资者青睐，这些企业往往积累了丰富的资源与经验，或独立开发，或与技术提供商合作，使优质的教育资源与信息技术实现全面融合，然后通过学习视频、电子书包等与传统教材不同的形式将内容展现出来。

第三节　六个科技发展趋势

VR、AR与MR

新一代的数字技术促进了合作学习与互动学习的发展，它是数字化教育在科技层面的一个显著发展趋势。VR虚拟现实技术、AR增强现实技术与MR混合现实技术是数字化科技在教育领域发挥作用的最典型代表，这些技术可以同步创造内容有趣、参与度高的沉浸式课程，从而提高教师的教学效果。

VR是虚拟现实技术，其特点是沉浸式体验，其所独有的教育形式就是戴上VR眼镜，完全沉浸在一个虚拟的世界中。VR虚拟现实技术能够将外部世界带到教室，也能将教室带到外面。

AR是增强现实技术，这种技术特征决定它必须建立在真实的现实环境中，多用于日常生活或工业级的培训。比如修理汽车，一个初级学徒戴上AR眼镜站在一辆需要修理的汽车前，AR眼镜通过捕捉汽车的特征值，然后通过自带的修车程序来指导学徒如何进行修理操作。

MR是混合现实技术，它就相当于AR＋VR的组合，它是数字化现实与虚拟数字画面的结合，它具有虚实融合、深度互动、实现异时空场景共存等教育特征。如果说VR仅创设虚拟空间，AR将虚拟信息简单叠加到现实世界，那么MR技术则模糊了虚拟与现实世界的界线。

在交互性方面，一是人与MR场景的交互。MR结合了VR和AR的优势，可实现人与MR场景的深度交互。依托于传感技术，用户在体验的过程中能够感知MR环境中的画面变化、震动、语音等多方面的实时信息反馈，并能够通过触摸、手势、体感、语言等多种形式与MR环境进行交互，进而形成一种自然有效的信息回路。二是MR环境下人与人的交互。MR学习环境能够为学习者提供更丰富有效的交流互动手段，该特征与教育结合，可以进行在线学习、模拟仿真、具象教学等方面的应用。

另外，MR在实现虚拟与现实深度融合的同时，可将不同时空下的场景通过计算机技术进行结合，实现异时空场景共存，也可将位置不同的学习者的虚拟影像耦合连接在同一个在线虚拟的环境中。该特征与教育领域结合，将对远程指导学习、在线协作学习等具有很大的启发意义。

从传统教室走向智慧课堂

让学生获得智慧化的学习环境，是数字化教育落地的重要基础，而新一代数字技术的发展使打造这种环境成为可能。具体来看，智慧学习环境涵盖了线上线下、课内课外的一系列促进学生个性化学习与发展，提高其能力与综合素质的学习场所、平台及环境。

课堂是学校教育的核心载体，在智慧学习环境建设中具有举足轻重的地位，它不但包括线下课堂，还包括虚拟课堂，以及线上线下结合的智慧课堂。在智慧课堂中，智慧教育云平台提供数据存储、分析及服务支持，通过物联网将移动设备和智慧教育信息系统无缝对接，实现云、网、端数据的自由高效流动，并且能够根据课堂实时状况进行动态数据分析，及时调整教学内容、教学方式方法等。

　　智慧课堂具备的以下优势，将使其未来具备十分广阔的发展空间（见图2-8）：

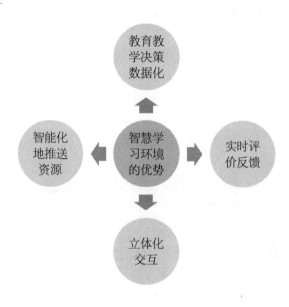

图2-8　智慧课堂的优势

　　（1）教育教学决策数据化：它通过对海量的教学过程数据进行深入分析，掌握教学实时动态，根据学习效果调整教学策略与方案。

　　（2）实时评价反馈：可以让教师改善教学方式、调整教学内容，让学生更有针对性地获取知识。

　　（3）立体化交互：借助物联网、移动智能终端等技术与设备支持，学习者与教师、教师与教师、学习者与学习者都能进行无缝沟通。

　　（4）智能化地推送资源：可以结合学习者学习效果评估及其个性化学习需求，进行学习资源的定制推送，提高其学习兴趣。

　　数字经济时代，强调教学经验的传统教育思维模式变得不再是唯一，基于数据分析结果开展教学活动将成为主流趋势，当然，这需要对教学全过程数据进行高效采集、分析及应用。数据是移动互联网时代的重要战略资源，是智慧教育的重要支撑部分。

在智慧课堂中，通过教学全过程动态数据开展学习测评分析是一大特色，最终建立以数据为支撑的教学模式，教学成为实证性科学，而不是经验主义大行其道。

课堂互动、学案、考试、测试、即时反馈、学生作业等各类教学数据，能够还原教学全过程，可以对学习行为、学习效果、教学方式方法考核评估提供有力支持。

在实时采集教学数据的同时，可以通过大数据技术对其进行深入分析，寻找教学内容、教学方式等与学生学习行为、效果之间的联系与规律，辅助教学决策，提高教学质量。

重新定义的学习空间

数字化教育的另一个科技趋势就是通过数字技术重新定义学习空间。以往的大多数教室都是并排朝向教室前方的课桌，而数字化教育的理念则认为教室应该像公司一样，为学生创设有利于合作的空间，促进学生的合作学习。科技的引进会有助于创立新型学习空间。比如数字化教育的课堂使用的是智能板，而不是用粉笔书写的黑板；教室里摆放的是智能课桌，而不是过去的独立座位。在课堂上学生能够进行虚拟的野外考察，而不是单纯读课文；学生能够创造媒介而不仅仅是观看。

在新型学习空间里能够看到各种各样的科技整合，学生不只是使用科技，而且懂得怎样利用科技实现既定目标。此外，也有一些教室以外的学习空间，比如发达国家的一些院校就正在创建更多的非正式学习空间，因为他们认为学生的合作和创新不应局限在课堂上。

学生在学习中，不脱离教室、图书馆等传统的物理空间，在这些空间学习的同时，学生可以利用数字化所创造的学习空间创建数字内容来和跨学科的学习者们进行知识资源的共享和整合，并且，学习者可以按计划灵活访问学习空间，享受新技术给学习带来的便捷和知识储备量的最大化。

人工智能

人工智能（AI）技术早已在很多领域得到广泛应用，在教育行业，对人工智能技术的运用同样是未来行业发展的一大趋势。

人工智能技术的本质是计算机技术发展到一定程度"融合"的结果，通过对计算机硬件与软件的结合，实现用于模拟、延伸和扩展人的智能的理论、方法、技术及应用系统的一门新的技术科学。比如机器人领域、语言识别、图像识别、自然语言处理等所有与之相关联的领域，都属于"人工智能"（AI）。

人工智能的应用早就证明是有效的，比如澳大利亚迪肯大学（Deakin University）引进了国际商业机器（IBM）公司的技术平台沃森（Watson），为学生提供一周七天、每天24小时的虚拟咨询服务。这些虚拟顾问一学期就处理了三万多个问题，使得人力顾问有时间去应对更复杂的问题。人工智能的另一项应用是聊天机器人。聊天机器人引入了自然语言处理技术，因此能够像人类一样回答与作业相关的问题，帮助学生处理文件。

再比如美国的计算机科学家乔纳森研发了一款可进行英语语法纠错的软件，能够联系上下文去理解全文，然后做出判断，它提高了英语翻译软件或程序翻译的准确性，解决了不同国家之间人员的交流问题。语音识别和语义分析技术的进步，使得自动批改作业成为可能，对于简单的文义语法机器可以自动识别纠错，甚至是提出修改意见，这将会大大提高老师的教学效率。

在中国，人工智能在教育领域的应用也早有先例。

在2017年，北京创数教育就以"让每个学生听得懂课、让每个学生顺利学习"为出发点，推出"人工智能助教"产品，模拟一名优秀的特级数学老师，利用自适应的手段，对每个学生每个章节内容的学习进行课前学能分析，人工智能会将课前前置知识切分成若干小块，针对每个学生的学前薄弱环节进行1对1辅导，从而帮助学生解决课前知识准备不足，最终帮助更多学生顺利听懂学校校内课堂。

截至目前，北京创数教育的"人工智能助教"已经在北京、广东、广西、湖南、湖北、河南、河北、山西、云南、新疆、宁夏等省市数百所学校进行智能化教育，连续三年都取得显著的成果。

人工智能在教育中的应用还包括个性化学习、课程质量与教学内容评估，以及运用智能辅导系统促进一对一辅导等。数字教育发展的目的不在于取代教师，而是辅助教师的教学。

从标准化生产到个性化学习

传统工业时代，生产强调规模化、标准化、任务化，教育人才培养亦是如此。中国教育也确实培养出了一批批具备基础知识技能、符合标准与规范的标准化人才，为我国经济建设与社会发展提供了巨大推力。然而进入移动互联网时代后，消费升级、同质竞争等要求敏捷、柔性生产，标准化人才培养已经无法适应市场竞争需要，更需要培养富有创造力的个性化人才。而数字化教育打破了大规模批量生产标准化人才的传统教育模式，通过人工智能、物联网、大数据等新技术赋能教育，发展个性化、定制化教育。

个性化学习的实现，需要从教学内容、方式方法、组织形式等多种维度进行改造升级，分析学生学习档案库历史数据记录，对教学计划及教学内容进行动态调整，充分满足学生的个性化学习需要。

同时，帮助学生寻找真正适合自身的学习方法，通过分析学习行为与过程数据，掌握学生学习习惯、认知能力、兴趣爱好等，为之设计个性化的学习方法，提高其学习积极性。此外，打造个性化、定制化的学习场景，让学生获得沉浸式体验。

通过运用新技术推动课堂教学结构性变革是智慧教育的重要标志。在数字技术刚开始应用到教育领域时，部分学校通过微视频开展"翻转课堂"教学，将学习决定权交给学生，教师不再在课堂时间教授知识点，学生在课前通过看视频讲座、听播客、阅读电子书等方式获得这些信息，并且在线上与其他学生交流分享，引发了传统教学流程变革。而随着数字技术的更新迭代以及在教育领域应用程度的日渐加深，数字化教育将会引发课堂教学的结构性变革。

要大力发展数字化教育，必须对传统教育系统进行结构性变革，而学校教育系统结构性变革是教育系统结构性变革的关键所在。同时，课堂教学又是学校教育的核心载体，所以，实施课堂教学结构性变革成为发展智慧教育的必然选择。

数字化技术在教育领域应用初期，以翻转课堂的形式颠覆了传统教学流程，让学生课前自主学习并讨论，课上学生与老师有更多的时间进行互动交流。但这种流程变革属于浅层次革新，效果是相对有限的，而智慧教育是信息化教育的高级阶段，其发展将会推动传统教育的深层次变革，从翻转课堂的流程颠倒转变为智慧课堂的结构性变革。

数字化教育以人为本，能够满足学生个性化学习需要，增强教师的服务职能，让学生获得更为丰富多元的学习工具以及人性化、智能化的学习环境，立足学生个性，促进全面发展。

游戏化

当游戏变成一种辅导工具，娱乐和学习就联系在了一起。游戏化学习工具可以把抽象艰涩的学习内容变得有趣，更有互动性。随着科技的进步，各个学科开始运用游戏辅助教育，这将成为数字化教育的一大趋势。

通过游戏化的形式把知识和传授行为应用于教学环节中，把学习的控制权交给学生，教育工作者从基础知识的传授中解放出来，专注并不限于基础知识的引导学习和理解，让教育工作者将更注重学生学习习惯和思维习惯的培养。

另一方面，游戏反映了真实世界的问题，学生需要运用相关技能组才能够解决这些问题。虚拟游戏世界为学生应用新知识、做出关键决定提供了独特的机会，学生在游戏过程中可以识别障碍，从多角度考虑问题，也可以练习解决问题的能力。

比如通过电子视频游戏的形式，把知识和传授行为应用于教学环节中，让学生通过娱乐和相关游戏元素形成学习的兴趣，对大部分学生来说，都感觉相对枯燥、困难的艰难任务，成为一种习惯性的艰难的乐趣，如果学生习惯投身于"艰难的乐趣"类的活动之中，能获取的首要享受，就是享受困难、赢得挑战之后的满足感。

教育电子视频游戏既不是互动教科书，也不是行为模拟器。这两者都是行之有效的学习工具，它们都利用了人类最轻松容易的学习方式：亲身体验。大脑的结构让我们通过体验去学习，尤其是强烈的体验。精心设计的教育电子视频游戏之中，玩家会成为事件的一部分。他们能够响应游戏中所发生的事情，他们的反应又会影响到游戏中接下来将发生什么。

　　游戏化应用在教育中，现阶段属于一种学习兴趣的开始，在未来它会像一条线一样，在其他教育数字化的形式中配合应用，为未来整个的教育数字化发挥作用。

企业大学的数字化转型

第一节 企业大学与"数"起舞

企业大学的转型方向

企业大学是由企业出资、以培养企业人才为任务，推动组织变革，满足员工终身学习需要的一种新型教育体系。自二十世纪五十年代第一所企业大学诞生以来，全球各地迅速刮起兴建企业大学的风潮，经过数十年的发展，近八成的世界500强企业拥有或正在创建企业大学。

近年来，随着我国数字化技术不断发展，各行各业都在为实现数字化转型而努力。为满足社会对数字化人才日益增长的需求，许多互联网企业为加快培养数字化人才，开始兴办各类企业大学。比如，腾讯创办并服务高精尖人才的青藤大学；美团创办的，主要面向普通生活服务领域从业者的美团大学；口碑饿了么宣布成立阿里本地生活大学……这些企业大学在短时间内带动了大量人才通过系统学习来完成自身价值的提升。

然而，疫情的到来使教育行业整体"歇业"，这给企业大学带来了现实冲击。疫情期间，很多企业大学为了适应这一变化，把自己逐步转型为数字化枢纽平台。这一转型发挥了企业大学低成本、低门槛的特点，吸引了大量精英人士、普通员工，即使在疫情期间也能将技能学习常态化，从而为自身发展创造更多机会。比如受疫情影响，一些运营户外娱乐休闲项目的中小型企业现金流难以为继，其经营者通过企业大学提供的"网上课堂""商户故事"等服务，激发出自身潜力，将传统靠门票营收的经营方式转变为开发更多体验项目、打造特色农副产品的多元经营方式，渡过了难关。

综上所述，很显然，由于时代的发展与外部环境的急剧变化，使企业大学更为果断地走向了数字化转型这条出路，这也成为未来企业大学发展的一个新方向。

与数字化结盟

企业大学与数字化结盟是行业发展的一种必然趋势，很多企业已经迈开了数字化的脚步。

美丽田园于1993年设立第一家生活美容门店，早在1995年已设立美容培训学校，注重人才培养，致力于美容业务和技术能力的提升。美丽田园已发展成横跨生活美容、医疗美容和医疗健康管理三大业态的综合性集团企业。2018年，美丽田园的培训学校转型升级为企业大学，形成伙伴型功能，定位于上承战略下接绩效，并致力于帮助业务团队解决问题，实现绩效的可持续发展。

2019年度中国最佳企业大学排行榜颁奖盛典上，美丽田园企业大学在177家企业大学中脱颖而出，荣获"年度最具成长性企业大学"和"中国企业大学最佳学习项目"两项大奖。

就在那个时候，美丽田园开始了企业大学的数字化转型。美丽田园企业大学把这次转型分为线上学习视频类课程为主、多种渠道混合学习应用、最大化线上培训应用三大阶段。其中，线上学习并不是简单地把课程搬到线上，而是在新技术、新环境下多种学习渠道的组合。以储备主任混合式培训为例，美丽田园企业大学通过同事学习心智模型，建立了涵盖课程开发标准、案例库搭建、干部管理和职能培训在内的一个数字化企业大学整体体系。

美丽田园企业大学的数字化转型理念极具代表性，然而如何去实现呢？想要实现企业大学的数字化转型必须要有一个功能完善的学习产品加以辅佐。让我们来看下面这个案例。

2017年成都轨道交通集团打造了成都地铁大学，发展至今终于实现了"知识与知识的连接、人与知识的连接、人与数据的连接"的数字化转型。

首先是知识与知识的连接。成都地铁大学搭建了共20个分类，超过1800个课程。围绕成都地铁的线网指挥中心、运营组、安全组、维保组等20个关键岗位的能力专业知识培训，设计出了一系列学习计划和课程。

为了实现知识与知识的连接，成都地铁把专业知识以时间轴划分，为员工制定每周学习计划以及学习内容，学习内容以图文、短视频、音频、图片、外部链接等课件类型分别插入课程细分的课时里，方便员工利用碎片化时间进行移动化学习。

同时，成都地铁还着力推动跨部门协作。比如为了把安全意识融入轨道运营工作中，成都地铁将安全专业知识课程共享于更多部门中，并及时跟进不同部门的学习进度，便于员工快速吸取多方面的知识。

其次是人与知识的连接。成都地铁采用"练习+考试"的方式为员工制定学习方案。为了巩固学习过的课程内容，成都地铁通过"excel批量导入/文本批量导入"的方式形成一个完整的专业知识题库。管理员针对每个课程建立了一套练习题，员工在课程完成后即可进入练习。通过考试，让管理员有效地了解每个员工对专业知识的掌握度，并建立学分机制，挂钩员工绩效考核作为奖励制度，不断激励员工提升自身的专业水平。

最后是人与数据的连接。成都地铁采用多数据维度统计学习情况。管理后台端通过对考试、学习、课程、学分、直播等多维度进行实时跟进员工个人、部门的学习情况。管理员可以多端查看数据。

至今，成都地铁企业大学的在线学习覆盖率高达94%以上，已经创建了1800多门课程、3000多份试卷，月均在线学习达20多万小时，月均考试量达600多场，在线考试、练习人数超过4万人次，员工月均在线学习10小时。

除此之外，成都地铁企业大学还基于现有的学习模式搭建社交化的反馈机制，让所有学员在独立完成学习任务外，还可以在社区里面分享知识和交流心得，从而实现"人与人的连接"。

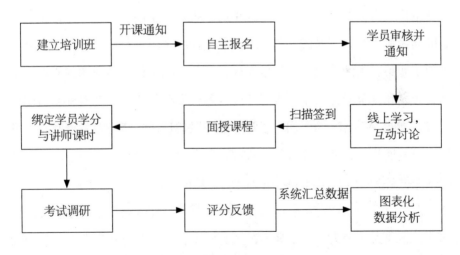

图3-1　成都地铁企业大学

企业大学最为重要的任务就是与业务部门协同合作共同定义关键人才的工作任务、基本能力，并提供能力转化的路线图和解决方案。为了实现这一目标，企业大学就需要创建新的发展和培养机制，提供赋能环境。面向数字化的未来，企业大学需要构建属于自己的"数据大脑"，在数字化趋势中，培养更多数字化人才，从而为企业提供更大的助力。

软性建设重中之重

在数字化转型过程中，企业大学更应该重视以企业战略转型为导向，加大软性建设的投入，重视后期运营。现实中，有些企业大学只重硬件建设而忽视软件建设，企业大学硬件环境赏心悦目、心旷神怡，而在课程体系、内部讲师体系、数字化支撑体系建设方面的投入却不多，这种"外强中空"的情况严重制约了企业大学的实质性发展，脱离了企业战略驱动和服务支撑的运行机制，不能真正对企业战略的落地实施起到应有的作用。

在数字化转型过程中如何充分发挥企业大学的功能，有效履行企业大学的职责，可以从以下几个方面着重探索：

第一，洞察行业发展趋势。转型后，企业大学不再只是一个传统意义上的通过培训为员工赋能的部门，而要成为一个学习型机构，以"推动企业组织变革和人才发展"为主要职能。因此，除了促进企业内部知识的聚集、分享和传承之外，企业大学还应当积极发挥作为"企业对外交流的重要窗口与专业平台"的作用，了解外部资讯信息，知晓行业发展动态、掌握学习发展趋势，并在此基础上找到企业大学本身乃至整个企业的问题，为之提供解决方案，参与问题解决过程，从而最终促进企业发展。

第二，推动企业变革转型。在企业变革方向和战略目标已经明确的情况下，企业大学要为企业如何运营更有效率，运行的方式需要做出怎样的变革与优化进行设计；为企业变革提供路径选择与人才支撑，提升企业效率；集聚更多的有效资源和力量，创造更多的智慧与价值。在企业的变革方向不明确的情况下，企业大学要承担前瞻思考的任务，帮助企业决策层和管理者明确方向，找到变革路径。

第三，注重实践教学。企业培训和学习应更加注重实践性，注重现实问题的解决和实际经验的分享传播。案例教学和行动学习是应用十分普遍的实践性教学方式。案例教学偏重于从已发生的实践中总结经验教训，而行动学习主要是基于现实问题寻找解决方案，二者都属于情景式实践性学习，是企业培训备受推崇、效果显著的重要学习手段。

第四，整合内外资源。企业大学应当发挥主导作用，发展一个融合学习主体与资源要素的学习生态圈。通过对内外部资源的专业化整合管理与调配运用，促进需求与资源之间快捷、有效地对接，使企业组织及其人员在平台上和生态中更加有效地获取价值、实现发展。同时调动用户与学员的智慧和力量，共同参与企业学习生态圈的建设。

那么，想要实现上述企业大学的职责，仅仅依靠硬件建设是不够的，企业大学的软件建设必须作为重中之重。企业大学软件建设包括企业组织管理体系、课程体系、内部讲师体系、实施运作体系、评估管理体系、知识管理体系和信息化体系等。其中，课程体系和内部讲师体系是核心。

我们以此为例，课程体系是企业大学的核心资源，也是保证培训能够有效满足人才培养需要的关键资源。企业完全依靠外部课程资源，无法保证课程的系统性，无法保证与企业管理实践和业务策略的一致性，更无法保证培训的有效性，因此就需要建立自己的课程体系与训练体系，然后根据体系需求甄选外部课程和开发内部课程来完成课程体系建设。一般来说，课程体系又可以细分为需求评估体系、岗位能力标准体系、课程体系、训练体系以及考核评估体系。比如，如果把课程体系按管理类课程和专业类课程或者按岗位层级和专业方向划分，其中管理课程体系又可以分为高层课程体系、中层经理课程体系和一线管理者课程体系，专业岗位课程体系则可以分为服务课程体系、销售课程体系以及生产一线课程体系等。

让我们再来看内部讲师体系。通常，企业大学的讲师有两个来源，一是来自企业外部，主要是行业专家、管理专家、高校教授等；一是来自企业内部，主要是企业内部专职讲师、企业高层管理者、技术专家和业务骨干等。然而现实却是很多企业大学的内部讲师队伍人数严重匮乏，企业内部讲师素养和水平参差不齐，兼职讲师的意愿和动机不强，内部讲师培训的效果无法保持。针对这些问题，我们可以建立一个体系流程来选拔和培养企业的内部讲师。我们通过内部讲师的背景资料审核、面试试讲、第一阶段授课、企业内部实际授课、第二阶段授课、编写教材课件、对讲师评审、对讲师进行分级等步骤来实现最终的讲师选拔。此外，针对内部培训师的晋级和激励机制也需要进行有效设计，以保证内部讲师工作热情和积极性。

第二节　角力数字教育市场

华为大学：高效、便捷、协同的数字化教学平台

华为公司是全球领先的电信网络解决方案供应商，华为的营销及服务网络遍及全球，为客户提供快速、优质的服务。目前华为的产品和解决方案服务全球超过10亿用户。为了把华为打造成一个学习型组织，华为2005年正式注册了华为大学，为华为员工及客户提供众多培训课程，包括新员工文化培训、上岗培训和针对客户的培训等。华为大学又被称为中国企业的黄埔军校。

华为大学旨在以融贯东西的管理智慧和华为的企业实践经验，培养职业化经理人，发展国际化领导力。大学依据公司总体发展战略和人力资源战略，推动和组织公司培训体系的建设，并通过对各类员工和管理人员的培训和发展，支持公司的战略实施、业务发展和人力资本增值；对外配合公司业务发展和客户服务策略为客户和合作伙伴提供全面的技术和管理培训解决方案，提升客户满意度；同时通过华为的管理实践经验分享，与同业共同提升竞争力。

随着全球数字化发展进程的加速，华为自然也不会落后。在华为大学有一个共识，即学习会被数字化所颠覆。因此从2018年开始，华为大学就坚定地走向了"让所有的培训通过数字化技术来实现"的变革之路，从而创建出了高效、便捷、协同的数字化教学平台（见图3-2）。

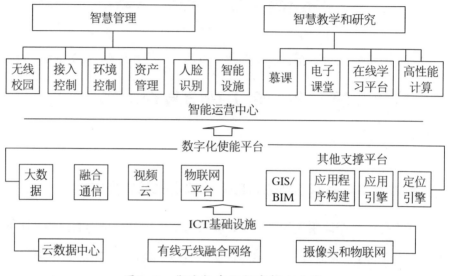

图3-2 华为数字化教育解决方案

华为深知数字化不是单纯将课程视频搬到网上，而是将从组织经验中萃取的及教育赋能的专业经验，与最先进的数字化技术（包括云化、富媒体、大数据等）充分融合，用恰当的方法，使赋能对组织能力提升发挥最大的作用。

为此，华为大学大量使用了MOOC和SPOC。在华为大学，MOOC即大型开放式网络课程（Massive Open Online Courses），并不是简单地把视频放到线上，而是经过专业的课程设计，结构化地学习视频，讲义，参加测验，参与讨论，输出作业，参加结业考试，获得证书。而SPOC是指小规模个性化在线课程（Small Private Online Course）。

以某个学习项目为例。华为大学会先安排一个前置的MOOC，全球成千上万学员都可以参与MOOC学习。在某地区开课时，学员会身处一个线上的虚拟班级SPOC中——华为大学会根据课程的需求来开放虚拟班级的权限，精准匹配与该课程相关的学员。

当需要现场交付集训、演练的时候，许多分组演练结果会被直接上传到线上班级的平台，共享给全班乃至更多的人。

另外，集训中有价值的业务讨论产出都会通过该过程全部留存和承载下来，被重新编辑为新的课程。

当集训结束后，学员还可以继续留在虚拟班级里，一边实践，一边不断共享经验而成为新的学习内容。对华为大学而言，班级的概念已经不是现实里集中在一起的班级，而是虚拟空间中集中在一起的学员群。

MOOC以知识传授为主，解决"知"的问题，通过在线的方式，激发学员的学习意愿，在短时间内以极小的边际成本实现大批量学员的赋能。

比如某在线课程，面向6000多个目标学员，华为大学数字化教育平台会根据平台积累的数据分析学员的学习习惯，形成用户画像，精准推送，让学员愿意进来学习。学员进来后，华为大学又会基于学习数据，根据学员的学习进度采用社群、邮件等形式，让学员愿意学下去。课程没有借助行政力量强行推送，仅仅通过一些运营活动，在一个月中就吸引了4200多人进来学习，2500多人完成学习、考试、讨论、作业，并取得证书；人均学习时长200分钟。而整个过程，仅由华为大学一名专业员工完成运营。

当然，一个新业务能力的构建绝对不是一段线上阅读就可以解决的。通常，华为大学会在MOOC之外，再加上SPOC。SPOC聚焦实战研讨、演练，解决"能"的问题。SPOC课程会对准学员工作中的实际业务场景，以大量的案例研讨、沙盘演练、复盘报告为主。

由于数字化平台本身先进技术带来的便利性，华为大学可以在非常短的时间内输出MOOC或SPOC。

目前华为大学的学习平台上拥有近2000门MOOC和SPOC，包括视频、讨论、考试、行动计划等结构化课程，这些大都是华为大学架构师、设计师自行创建的，无需任何IT人员协助。同时，公司的业务专家简单赋能后也可以很便捷地自行创建在线课程。在平台上，开发者也能根据学习者的需求，便利地调用其他课程的内容片段组合成为新的课程，并实现课程的快速迭代。灵活易用的可编辑性、内容片段的可共享性，极大地释放了业务专家总结和传承其经验的能力，也大幅提升了课程创造与共享的效率。这就是华为大学展现出的高效、便捷、协同的数字化教育理念。

海尔大学：依托以企业内部培训为切入点的数字学习平台

海尔大学创建于1999年，是海尔员工的学习平台和创客加速平台。它承接海尔集团"企业平台化、员工创客化、用户个性化"的战略发展，搭建开放的交互平台，加速创客孵化，助力小微引爆，并通过交互推广海尔的"创业、创新"文化及"人单合一双赢"模式，帮助每位海尔员工成为"自己的CEO"，持续为用户创造价值。

创建伊始，海尔集团首席执行官张瑞敏就指出了海尔大学的定位：关键不在于有多少好的设施和硬件条件，关键在于其内涵和软件，要成为海尔员工思想锻造的熔炉和能力培训基地，要成为中国企业界的"哈佛大学"。

软件建设方面除了海尔大学内部的轮值老师外，在海尔集团还建有几百人的内部兼职教师队伍。海尔内部培训师资网络设置得非常严密，对所有可以授课的人员进行教师资格认定，持证上岗。

海尔大学还同时建立了内部培训管理员网络、市场链SST考核机制，每月对培训工作进行考评，并与部门负责人及培训管理员工资挂钩，通过激励调动培训网络的灵活性和能动性。在外部，海尔大学建立起了可随时调用的师资队伍，与清华、北大、中欧国际工商学院、瑞士IMD商学院等国内外科研机构、大专院校建立合作关系，聘请兼职教授80余人，并且与哈佛大学、瑞士IMD商学院、沃顿商学院、英国剑桥大学、法国欧洲管理学院、中欧国际工商学院、日本神户大学、清华大学、北京大学、上海复旦大学等国内外著名院校建立了案例编写关系，利用国际知名企业丰富的案例进行内部员工培训，引入国内外先进的教学和管理经验的同时，又利用这些网络将海尔先进的管理经验编写成案例库，成为MBA教学的案例，达到了资源共享。

2013年之前，海尔大学的主要模式是基于人才发展的培训体系，分为新员工培养、通用能力提升、专业能力提升、梯队领导力发展四个方面，基于岗位、对象和层级设计相应的课程与学习项目，再配备相应的师资，每年根据人才发展计划开发学习项目与课程。

然而2013年后，随着海尔战略变革速度加快，岗位与能力的要求都在变化，新技术与新问题层出不穷，基于过去稳定环境开发的学习项目与课程体系显得僵化、落后，很难跟上海尔变革的新节奏。海尔大学发现人才的学习发展，要从强制学习转型到按需定制学习，为此海尔大学建立了新的学习体系，把传统学习平台变革为数字化学习平台。

海尔大学线上学习平台连接两个资源，一是企业外部资源，如政府、高校、培训公司、培训协会等；一是内部资源，如课程体系、讲师体系等。在这个开放的平台上，可以建立内外部用户及各个资源提供方的连接，创造出更多培训学习的场景与可能性。学习平台通过为用户提供学习解决方案，创建全流程最佳体验的学习社群，吸引资源方在平台上共创产品，进而形成满足用户终身学习需求的社群生态，打造物联网时代的共享企业大学。

数字化就是海尔大学学习模式的创新之处。为了满足用户日益个性化的学习需求，海尔大学通过构建认证显差体系和非线性火焰动态模型，帮助用户充分地认知自我，真正实现动态能力随用户工作场景变化而变化，跟踪用户绩效数据实现动能标准的自迭代，开放动能数据库实现全球化覆盖、系统智能预测迭代。

海尔大学学习平台的另一大特征是场景化。基于能力的培训已经不能适应当前的时代，基于场景化的培训才是真正的需求所在。海尔大学基于用户工作应用场景和智能标签体系，搭建赋能生态，为用户定制线上场景化学习方案，它真正解决了这样一个问题：在某个具体工作场景下，用户到底需要学习哪些内容。

智能化是海尔大学数字化的必然结果。海尔大学数字化学习平台基于非线性火焰动能认证结果，结合创客基础信息、个性偏好，实现了智能化学习推荐。用户可以非常清楚地知道自己该学什么，不再面对海量的资源却不知所措了，真正实现了用户需求和学习动态智能匹配。

中兴通讯：定制化、个性化、深度化的数字培训平台

中兴通讯学院成立于2003年，是中兴通讯股份有限公司创办的企业大学。中兴通讯学院成立的宗旨是为中兴通讯的客户提供有显著价值的专业培训、咨询服务和专业出版物，提供知识解决方案。

中兴通讯学院为客户提供的培训服务包括管理和技术两大类培训。其中管理类培训涵盖了领导力、人力资源、财务、职业素质、营销、项目管理、物流、质量、商务、英语10类专业管理课程。技术类培训则包括新技术专题培训、维护专题培训和设备系统培训。技术类培训主要以产品技术培训为主，同时还包括通信技术专题讲座、新技术研讨等；培训产品涵盖了3G、交换、接入、传输、移动、数据、智能业务等所有中兴通讯的自制

设备，共500门课程。

在数字化方面，中兴通讯一直走在行业的前列，这是一家最早且最彻底拥抱数字化的企业。那么，其创办的中兴通讯学院同样不会错过数字化变革这班快车。

2020年，在疫情的大背景下，中兴通讯学院在行业内率先推出了80多门"5G端到端"产品方案精品课程，其中既有5G网络理论、5G全网关键技术、5G最新解决方案等5G专业课程，也有万物互联、大数据、边缘计算等泛5G课程，以及趋势前瞻、规划部署、融合创新三个模块的在线直播课堂，可以帮助运营商按照计划推进5G培训工作。

2020年将是中国5G商用发展的关键一年，行业运营商的关注焦点也从"为什么要建5G网络""5G有什么新特性、新商业模式"等问题转向了"如何实现5G商业成功""如何快速建网""如何与传统行业合作共赢"等问题。

基于这些变化，中兴通讯学院策划了趋势前瞻、规划部署、融合创新三大模块共8个直播课程，同时还推出了80多种线上MOOC资源。其中趋势前瞻模块涵盖国内外5G商用案例、5G与数字化、5G网络"规建维优"挑战等，以助推和加速5G商用为导向；规划部署模块则聚焦"5G端到端"的部署演进方案，关注建网的实际问题；融合创新模块把5G拓展到"5G+"范畴，从泛5G的视角分析5G的未来发展。

在组织方面，学院与中兴通讯国内营销事业部联合策划、推广，实现片网联动，打造了一条高效、迅捷的信息传播通道，让中兴通讯学院最新的学习方案、线上内容以及直播课程都能在最短的时间内传递给全国的客户和学员。

实际上，在数字化学习方面，中兴通讯的E-Learning平台已经发展了十几年，一开始是在内部使用，随后逐步拓展到外部。经过不断创新和优化，中兴通讯学院积累了非常丰富的线上资源和线上学习项目的运作经验。

受新冠疫情影响，国内大中小学都在尝试线上教育，这在某种程度上会加速在线教育的发展。可以预见，随着5G投入规模商用，一些新的教育场景应用会迅速涌现。

淘宝大学：数字化转型赋能

淘宝大学是阿里巴巴集团旗下核心教育培训部门。早在2014年，淘宝大学就已经成为一个多元化、线上线下、全方位的电商学习平台。无论是淘宝掌柜、电商从业者还是电商企业主，都可以通过在线学习平台学到一线卖家分享的经验知识。

相对于其他企业大学，淘宝大学的数字化步伐迈得最快也最早。2018年，淘宝大学就成立了"魔豆妈妈电商学院"，通过特色课程、专属师资、线上学习系统，体系化帮扶，开拓出数字化定制专属学习方案。

在淘宝大学的教学体系中，淘宝大学手机App是淘宝卖家随身的成长工具，也是专为移动端卖家群体打造的在线教学视频产品，可以随时随地看到精品优质的课程；淘宝大学互动直播培训是为卖家提供与老师在线沟通、学习的路径，课上产生的问题能在课堂上得到直接、快速的解答；电商创业系列课程是基于淘宝天猫平台店铺实际运作状况，帮助零基础卖家轻松完成电商入门，从0晋升到1的培训课程，课程内容包括开店、装修、引流、服务等，旨在帮助入门级卖家在最短时间内掌握店铺运作技巧；电商精英课程是构建网商人才体系的一门标准化的岗位驱动课程，为企业新入职的客服、美工、推广员工传授高标准的实战经验，切实帮助新员工提升岗位适应力，寓教于练，让学员在训练中提升技能水平；电商经理人课程是淘宝大学培育网店经营者最重要的项目之一，课程帮助电商经营者避免盲目的店铺操盘行为，改变大多数产品驱动型店铺的现状，回归商业零售的本质，达成整店的经营突破；网商MBA课程则是针对高端网商的研修班，学员汇聚淘品牌和类目排名前列的网商企业或品牌商家的负责人，课程整合阿里巴巴集团及淘宝网高层、专家、成功网商、知名培训师，从消费洞察、策略与规划、团队塑造、管理与执行、影响力传播五大模块入手，打造最具领导力的网商。

淘宝大学的这些课程都已经实现了数字化，它基于数字化技术和能力，以流程自动化为中心预先确定场景，用软件进行自动化、基于传统IT架构的数字化转型，从而成为以核心能力服务化和数据在线为中心，快速实现创新并应对不确定性，基于云端协同新架构的真正数字化大学。

与其他企业大学的数字化方向不同，淘宝大学把着眼点放在了为用户进行数字化转型赋能上。

2020年，新冠疫情给全国各行业都带来了机遇和挑战，很多行业遭遇重创，比如餐饮、酒店、旅游等服务业，但依赖网络的数字化经济却迎来新的发展契机，比如在线教育、远程办公、线上消费等行业得到迅猛发展。

很多商家利用这个机遇迅速发展壮大起来，2020年3月，淘宝大学联合支付宝大学、执惠三方在淘宝大学云课堂上共同建立了线上组织"文旅商学院"，联合管理和运营，并结合文旅行业特点联合推出数字转型系列课程"新动能"。在2020年10月28日的数字化商业创新赋能峰会上，淘宝大学联合支付宝大学宣布，正式对外开放企业数字化转型赋能解决方案。这一方案将围绕数字化业务能力拓展、数字化商业创新、数字化战略设计等方面，以线上和线下一体化学习的方式，系统化地帮助企业制定当下业务应对措施，为后续的全面转型打下基础。

　　如果说过去是经验驱动型的生意，那么未来一定是数字化驱动的生意。产品技术对于每一个行业的改造都是革命性的，通过组织在线、沟通在线、协同在线、业务在线、生态在线的方式打造人与物、人与人、人与事之间的新关联，让产品在消费者端给消费者创造完全不同的体验，这就是淘宝大学为行业企业带来的数字化转型方法。

第三节　国外企业大学的数字教育实践

E-Learing的四大特征

E-Learning的英文全称为Electronic Learning，我们可以把其翻译为"数字（化）学习""电子（化）学习"或"网络（化）学习"。它是通过应用信息科技和互联网技术进行内容传播和快速学习的方法。

E-Learning具有以下几个特点：

首先是知识的网络化。数字化学习的知识不再是一本书，也不再是几本书，而是将有关的专业知识和数据库连接起来。在数据库的支持下，知识体系将被重新划分，学习内容将发生重新组合，学习与研究方法也将发生新的变化。

其次是学习的随意性。分散在各地的学员最希望看到适合他们自身需要的学习时间表和解决方案。E-Learning正好实现了这一点，它让学习能够全年无休地进行，无论是在办公室、家或其他什么地方。时间逐渐成为学习的关键因素，学员也需要依照自己的行程表学习，而不是培训机构的日程。

再次是学习内容保持及时、持续的更新。数字化使学习内容不再过时，长期来说，包括学习教材在内的各种学习资源都能保持在更新的与业务相关的状态，这会让学习资源对学员更具价值。

最后是培训的即时性。传统的培训需要制定培训教材、安排培训场地，并组织考试、后勤……然而这并不适合工作节奏越来越快的今天，学习本身所需的时间已经超过个人和企业所能支出的时间。如果要跟上时代的发展步伐，就必须使用最新的教学与信息设计技术来缩短学习之外的附加时间，数字化学习正在实现它。

采用E-Learning的方式来实施教育学习有很多好处，比如：

成本很低。据国外权威资料介绍，实施E-Learning的公司可以节约40%～50%的培训费用，员工用于学习的时间可以压缩到40%～60%，培训完成率是从前的3倍，学习效果比传统教室培训有明显提高。其中成本的降低主要是员工的差旅费、讲师高昂的课酬费、课室租用费的减少等。

学习效率高。E-Learning彻底打破了时空限制，学员可以随时随地通过网络参加学习。尤其对于需要经常出差的员工，可以通过网络及时了解企业最新的培训资讯，并按照公司既定的培训计划完成学习任务。

个性化。与传统的课堂培训相比，E-Learning是真正能够实现个性化的培训方式。对于企业而言，个性化的培训就是培训部门可以根据企业实际的情况量身定制培训课程，包括自己开发和外部购买，也可以根据企业的需要设置配套的培训管理工具，如需求调查或培训评估等。对于个人而言，员工也可以根据实际情况，去选择合适的课程进行学习。

高质量。E-Learning的构建一般需要两个系统支撑，一个是培训管理软件系统，另一个是课件系统，而搭建这个平台需要权威的教育和培训机构、丰富的人机互动、大量生动的案例教学设计，以及标准的测量评估题库。研究表明E-Learning可以使人们学习效率提高25%～40%，正是从"要我学"到"我要学"的转变激发了人们的学习兴趣，从而提升了效率。

全程跟踪。E-Learning的学习管理系统可以对整个培训过程进行全面的管理和掌控，包括学员管理、课程管理、课程分配、学习跟踪、学习效果的评估和测试以及与学员学习相关的各类统计报告等，对全球各地的学员的学习状况了如指掌。

可量化。E-Learning使得对培训效果的量化不再是空中楼阁。学习管理系统以学员的学习时间、学习进度、学习状况、学习成绩和效果以及相应的反馈等为基础，可以及时产生各类报告、报表和数据，为培训效果的评估提供科学的凭据。

数字化学习的未来趋势

数字技术正以前所未有的速度向前发展，对人们的工作和生活产生持续而深远的影响。数字化学习正在成为越来越重要的获取知识的重要途径。那么，未来数字化学习将会如何发展呢？

第一，学习资源形式会更加丰富。相对于文本，人类大脑更善于分析、处理视觉图像，因而近年来我们发现学习资源正在越来越多地呈现出可视化的特征。借助数字化技术，将拟传递的信息进行广泛而深入的可视化处理，从而帮助学员高效地发现隐藏在知识内部的特征和规律。除文本格式外，图像、音频、视频、动画等形式，以及3D等各种特殊图像与语音效果也正在得到更广泛的应用，以提高学习效果。因此在未来，学习资源的呈现形式会更加丰富多样。

第二，学习资源的开发更加高效。在未来数字技术的支持下，学习资源的生成可以多人参与协同开发，以及利用数字技术平台实现学习资源的快速迭代更新。并且，学习资源的开发过程会更加便捷、高效。比如通过协助系统实现身处多地的主题专家异地同步开发。

第三，学习中的协作、交互将呈现随时随地的特征。未来利用数字技术可以更便捷地实现不同地域讲师与学员之间、学员与学员间的交流互动。学习的时间可以扩展到一天内的任何时间，学习的空间扩展到世界的任何地方。这必然是未来数字化学习的一大趋势。

第四，学习过程与结果可视化。未来很多学习活动将在平台上发生，并利用数字技术记录学习过程，实现即时、动态的诊断分析和评价信息反馈。讲师可以及时地对学习者进行精准且全面地学情分析与学情记录，依靠数据进行相关教学决策。同时，数字化技术还将实现让学习者"看到"自己的学习过程，利用数字学习平台随时察觉自己的学习状态，包括每类知识学习的完成情况，自己的进步或问题，以便于学习者及时进行调整。

第五，智能化资源推送。未来基于数字技术构建的学习资源云平台，将能够通过对学习者个性特征的识别，以及对其学习行为的跟踪、记录和分析，判断识别出每个学生的具体需求，从而根据每个独特的学习需求智能化地推送具有针对性的学习资料和辅导课程，同时还能够智能化地跟进学习进度。

第六，部分学习活动与培训运营被人工智能所替代。未来的学习是人与人工智能协作的时代，人工智能将承担简单重复的脑力劳动，人类则承担创新、复杂决策、情感关怀激励等劳动。因此，过往相对简单的部分学习活动，包括信息记忆、存储、简单加工等，将被机器取代。

苹果大学：科技拥有改变课堂的能力

苹果大学创建于2008年，是培养苹果中层员工和管理人员的培训机构。该机构由史蒂夫·乔布斯和其他高层管理人员建立。第一任校长由前耶鲁大学商学院院长 Joel Podolny担任。与他的经历类似，苹果大学的众多讲师都来自各行各业的专业人士，其中有教师、设计师、编辑或者是作家。

数字化教学让学习者不需要到处奔波就能听到来自耶鲁、加州大学伯克利分校、斯坦福、麻省理工、哈佛等等名校名师授课。与此相对应的是，苹果大学从来不会强制员工上学，但是针对不同部门、不同类别所设置的不同课程足以让员工们趋之若鹜。员工们登录网站，根据自己的部门和职业选择相应的课程，然后进行对应的学习。

近年来，AI 人工智能技术开始大热，人工智能技术将创造新的就业机会，而且大多认同 AI 创造的就业机会将在人类失业的地方产生，毕竟新生岗位总会逐渐代替淘汰的岗位。甚至有预测认为，人工智能将会代替大量蓝领和白领的工作，更高效地完成某些曾经由人力来完成的工作任务。

考虑到科技正在大举进入人类世界，而人类需要做的将是掌握机器技术。由于 AI 由人类主导，因此任何人都可以通过不断学习来适应。因此，教育学习在未来就变得尤为重要。

作为世界顶尖的高科技标杆企业，苹果公司的数字化能力与创新能力毋庸置疑。这使它对未来教育发展方向的嗅觉十分灵敏。

早在2018年，苹果教育副总裁约翰·库奇（John Couch）出版了一本名为《学习的升级》（*Rewiring Education*）的书，这本书主要讲述了为什么必须改变教学方式，以及如何改变才能满足世界不断变化的需要。在这本书里讲述了传统的教育体系已迫切需要改革，应该将数字化技术和新的教学实践发挥到如何加强积极主动的学习上，从而为每个人打造一个支撑自己终身教育学习的框架。

综上所述，实现自主学习和个性化教学就是苹果公司对未来教育学习发展方向上的基本判断，而这一切的实现都将依赖于数字技术，这就是苹果公司"科技拥有改变课堂能力"的基本理念。

大数据：构建开放共享
的未来教育

第一节　数字化教育里的大数据应用

大数据环境下的数字化教育模式

在大数据环境下，各行各业都受到极大的影响，教育行业也不例外。从教育从业者的视角来看，这既是一种机遇，也是一种挑战。因为进入大数据时代之后，很多与教育相关的问题不是花时间就能解决的，作为其中的主体，教育工作者必须把握技术的主旋律，运用智慧，利用大数据解决各种教育问题。

传统教育兴起于工业化时代，班级、课堂、时间安排都实现了标准化、统一化。进入互联网时代之后，教育发生了极大的变化，尤其是在大数据的影响下。具体来看，大数据从各个层面对教育活动产生了深远影响。

◆什么是大数据？

大数据指的是无法在一定时间内用常规软件捕捉、管理、处理的数据集，是需要借助新处理模式才能提升决策力、洞察力、流程优化能力的信息资产，这种信息资产具有规模大、多样化、增长率高等特点。

维克托·迈尔·舍恩伯格被称为大数据之父，他在《与大数据同行：学习与教育的未来》一书中提到"大数据"为学习带来的变革：利用大数据，教育工作者能收集一些过去很难收集起来的数据，可以迎合学生个体的需求，可以通过概率预测找到需要优化的学习内容、学习方式与学习时间，并对其进行优化。

教育工作者在教育过程中使用大数据，意味着教育工作者拥有了一个功能强大、具有实证效果的工具，能看到整个学习过程，破除学习过程中的各种障碍。在传统环境下，教育工作者可以通过发放问卷、考试、心理测验获得数据，但通过这些方法获得的数据与大数据分析获得的数据存在显著差异。在大数据环境下，所有行为都可以转化为数据，并且可以利用合理的数据记录方式将数据转化为可以分析的数据模型，对数据进行有效分析，从而为教育者与个性化教学提供有效的数据支持。

◆**大数据如何改变教育**

（1）打造个性化的学习模式

在传统教育模式下，要想明确学生特质，教师必须进行脑力分析，然后根据学生特质投入大量时间、精力制定教学方案，这种方法不仅耗费的成本极高，而且很难大规模开展个性化学习。有业内人士表示：在传统模式下，社会科学的处理环境多为实验室，处理方法多是根据经验形成的半定量科学，涵盖了心理学、社会学、管理学、社会心理学等多种学科。

现如今，在大数据及人工智能的支持下，教育工作者可对几十万学生进行精准分析，开展定量研究。借助规模庞大、动态性较强的数据库，教师可对学生的学习情况做出全面了解，以学生的学习情况为依据制定个性化的教学方案，布置个性化的学习任务。

（2）大数据预测改善教与学

利用大数据进行预测有一些典型案例，比如，内特·西尔弗利用大数据对美国总统的票选结果进行预测，洛杉矶警察局和加利福尼亚大学联合利用大数据对犯罪情况进行预测，高德地图利用大数据对节假日期间的交通出行情况进行预测，为出行公众提供有效的避堵方案。大数据创造价值的方式非常多，其中最有价值的当属预测功能。

大数据预测不仅能立足过去，帮人们更好地开展总结活动，也能立足于现在，持续不断地为人们提供动态化的数据，更可以立足于未来改善教学，创造一个全新的教育时代。这种大数据预测是以海量数据为基础，利用数据算法进行分析，最终对某种情况发生的可能性做出精准预测。整个过程涵盖了数据收集、数据分析、数据模型生成、数据运用等四个阶段。以大数据为基础，教师可对学生在某个学习阶段可能遇到的困难做出精准预测，并提前制定有效的解决方案。

大数据如何应用

◆教育大数据的应用

（1）在线学习分析

有网络购物经验的用户都会有这种体验，网站会根据用户的购买记录或浏览记录向其推送相关产品或资讯。在大数据环境下，利用互联网学习的用户也会产生类似的体验。事实上，平台之所以如此了解用户，主要在于引入了大数据，利用大数据进行在线学习分析。对不同的学生进行预测时系统会自动跳转，因为大数据会根据学生的能力做出不同的反应。具体来看，大数据在线学习分析具有时效性、规律性、动态性、匹配性四大特点。

（2）教育创新

教师可以利用大数据获取更多学生信息，让评估方式变得多元化。比如，对于获得满分的学生，教师的评价不再是统一的"优等生"，而是进一步对学生的能力进行分析，区分出凭借逻辑思维取得满分的学生和凭借记忆力取得满分的学生。对于凭借记忆力取得满分的学生，教师要帮助其改变学习方式与习惯。同时，在学习过程中，教师要对学生的学习动态进行实时观察与评估，对其学习状况进行科学评价与调整。

业内人士表示，大数据可以记录孩子的成长，挖掘孩子的兴趣，学习重点不再完全放在课内，学生可以自由地支配课外时间。同时，大数据可对学生在课外时间的所有活动轨迹做出实时记录，包括成长目标、兴趣爱好等等。这些数据为教师的课堂教学活动与家长的家庭教育提供了有效支持，增强了决策的科学性。

在互联网影响下，各行各业都发生了巨变。利用各种先进技术，互联网可进行实时追踪，并将追踪行为数据化，给教育事业带来了巨大影响，给教育工作者提出了新要求。在大数据的作用下，教师与学生结合得愈发紧密，不仅学生获得了更科学的学习规划，体验到更有趣的学习过程，教师也拥有了更明确的发展方向。

◆**我国完善教育大数据的发展对策**

大数据在教育领域的应用，将会爆发出惊人能量，引领我们走向教育发展新时代，为教育革新提供强有力支持。当然，我国教育大数据发展水平较低，在配套设施建设、丰富应用场景、完善法律法规等方面还有较大的提升空间。未来，在发展教育大数据过程中，必须做好以下几个方面（见图4-1）：

（1）跨领域数据的融通共享

为了保障数据分析的全面性、客观性，从多个领域获取教育数据是很有必要的，尤其是和教育相关性较强的领域，而不同领域的数据在数据类型、结构等方面存在一定的差异，这种情况下，做好跨领域数据的融通共享，对发展教育大数据就显得十分关键。

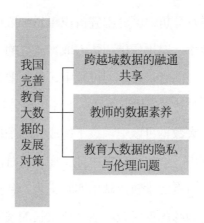

图4-1 我国完善教育大数据的发展对策

（2）教师的数据素养

发展教育大数据仅有技术是远远不够的，还要有人来管理、决策及执行，教师作为教学实施者，必须提高其数据素养，培养其将大数据应用到教育教学实践中的能力，比如要求教师等教育工作者掌握获取、分析及应用数据改善教育教学实践的能力等。

（3）教育大数据的隐私与伦理问题

发展教育大数据不仅涉及到教育机构，政府部门、大数据服务商、互联网企业等也会参与其中，如果数据所有权不明确，很容易带来较为严重的个人隐私泄露、数据滥用等问题，威胁个人财产及人身安全，会产生较大的负面影响。如今，我国在教育大数据方面的法律法规建设尚未完善，行业自律积极性有待提升，未来必须加快完善教育大数据法律体系，引导教育机构、大数据服务商等建立行业协会，加强外部监管与行业自律，为教育大数据的可持续发展奠定坚实基础。

问题与挑战

相较于交通行业、医疗行业、商业等，教育行业更加特殊，其运作也受到更多因素的影响，使大数据在教育行业中的应用面临许多问题。现如今，国内教育大数据存在应用问题、安全问题、治理问题及运营问题（见图4-2）。

图4-2　教育大数据面临的问题与挑战

◆**应用问题**

现如今，大数据的理念普及到了诸多行业，大数据在提供决策参考、提高教育针对性、促进教育协调发展、优化教育服务等方面的价值也被越来越多的人所知。迄今为止，国内教育行业已经在学校资产智能管理、高校报考难度预测、贫困学生预警等方面进行了大数据应用的尝试与探索。但从整体上来说，国内对教育大数据的应用仍然缺乏集中性，且处于早期发展阶段。当前的教育行业，在教育大数据的实际应用方面仍然面临很大的困难，行业需要寻找能够进行大范围推广的成熟的应用模式。

为了促进教育大数据的应用，应该由大数据专家与教育家带头，出台专门的大数据应用指南，发挥政府相关部门的引导作用，把教育大数据的应用纳入国家发展战略中；筛选具有代表性、能够进行大范围推广的教育大数据应用模式，制定清晰的教育大数据应用思路，推进大数据走进区域教育行政部门、学校、相关教育企业等；积极学习国外在教育数据应用方面积累的优秀经验，对国内教育数据应用的情况进行总结与分析，并以研究报告的形式展现出来，通过这种方式扩大教育数据应用的范围，切实发挥其应用价值。

与此同时，要组建教育大数据研究机构，积极吸纳计算机科学、管理学、教育学的专业研究者，聚焦于解决教育大数据应用过程中遇到的普遍性、核心性问题，根据教育发展的需求及未来发展方向，进行预测性研究，通过展开研究项目，促进教育大数据的应用落地，加速其发展进程。

◆ 安全问题

教育数据是教育行业的重要资产，在具体应用过程中也存在数据安全问题，如果信息数据泄露，则会导致教育者和受教育者的隐私被侵犯。

共享合作学习联盟（Shared Learning Collaborative，SLC），是一个非营利机构。联盟成立的初衷是：创建资源共享联盟，让老师对学生进步有更全面的了解，在节省时间、精力和宝贵的资源的情况下，实现个性化教学。

2013年2月，为了进一步实现这一初衷，在盖茨基金会、卡内基公司和其他投资者的1亿美元支持下，SLC成立了K-12学生数据存储机构inBloom。

inBloom的系统从不同的年级和考勤数据库中提取学生数据，把这些数据存储到云处理器中。这些数据包括学生姓名、地址、考核和考勤、纪律处分等信息，甚至还有经济状况、纪律性、残疾和健康等。这些数据本意是让老师能够追踪单个学生，并利用恰当的软件实时地为其设计课程。

然而在2013年4月份，路易斯安那州的家长发现孩子的社保号码被上传到inBloom数据库，由于学校和老师可以轻而易举地把学生记录分享给第三方供应商，比如那些希望为学校设计教学工具的开发商和向校车企业提供学生残疾信息等，所以学生数据安全隐患受到社会关注。经过一番社会讨论，路易斯安那州从数据库中删除了所有的学生数据，随后，科罗拉多州、马萨诸塞州、佐治亚州等其他州也纷纷宣布终止与inBloom的合作。

inBloom教育大数据存储机构正是因为出现了这样的信息泄露危机，在开放15个月之后就被迫停止运行。

近年来，世界许多国家都掀起了公共数据开放运动的浪潮，教育大数据作为公共数据的一部分，也要提高开放程度。在具体实施过程中，国家相关部门要注重数据管理工作，寻找有效的方案、技术工具等等提高教育数据应用的安全性，避免因教育数据泄露出现信息安全问题。

为了提高教育机构、学校、个人的教育数据安全性，应该抓紧时间出台《教育大数据安全管理办法》，立足于机制、体制、技术、策略等角度对大数据的应用行为进行规范。打造完善的教育数据安全管理系统，将数据生产、数据使用、数据管理工作交给不同部门来承担，做好清晰的职责划分。划分教育数据的保密等级，在出现安全问题时依据保密等级的规定进行应对。开发教育大数据存储系统，提高数据存储服务的灵活性，降低管理难度。对教育大数据的应用过程进行追踪，对于给国家、企业、个人造成危害的数据应用行为，要按照规定进行处罚。

◆治理问题

在信息时代，教育行业在运营过程中会产生大量的数据信息，这些数据的来源渠道、格式类型各不相同，教育管理者则需集中优势力量实施教育数据治理。实施教育数据治理是为了保证教育数据的质量，提高教育数据应用的可靠性，扩大教育数据资源的应用范围，提高其利用率。

身为教育管理者，需要提高对数据治理的重视程度，提高研究机构、学校、企业、公众在教育大数据应用中的参与度。国家相关部门应该抓紧时间制定教育大数据治理的方案，开发成熟的教育大数据治理模式，对教育数据资源的收集、存储、交互及应用行为进行管理。出台教育数据收集和管理的统一标准，建立明确的数据治理机制、质量监督体系及具体操作流程。寻找教育数据资源的长期存储方式并进行机制建设，对来源于教育资源平台、教育数据库、教育服务平台的数据信息进行整合，建立覆盖全国的教育大数据中心。打造教育大数据开放平台，让教育机构、企业及用户个人都能够从平台上获得所需的数据信息，推出特色化的教育应用，在教育数据治理及教育数据应用过程中发挥大众的创造性。

◆ 运营问题

作为一种国家资产，教育数据应该为广大民众提供高效的服务。从这个角度来说，民众有权获得并使用教育大数据，但同时要注重教育数据应用的安全问题。适度提高教育数据的开放程度，能够促使研究机构、企业及用户个人都参与到数据应用过程中，深度挖掘教育数据的价值，提高整个社会对教育数据的重视程度，为教育的改革创新提供助推力量。

立足与宏观角度来分析，与金融数据一样，教育数据的安全性也不应被忽视。要审慎确定教育数据的开放范围、使用对象、开放程度等等，提高教育数据应用的安全性，避免教育数据被非法应用，给数据信息相关者乃至整个国家造成损失。在这方面，政府部门要发挥监督作用，模仿通信行业对运营商的管制方式，对教育数据运营商设置准入门槛，为符合条件的运营商颁发运营牌照。其他机构应该按照统一规定进行申请，在得到许可之后才能获取并使用教育数据。

顺应大数据趋势

大数据的应用促进了许多行业的改革创新，教育领域也不例外。大数据在教育行业的发展趋势如何？在这里总结为八点（见图4-3）：

◆ 趋势一：数据的采集和分析成为基石

所有应用系统的运转，都以数据采集与分析为基础。随着教育信息化的建设与发展，市场上涌现出多样化的产品，涉及教学、培训、科研等内容。当大数据技术在教育领域得到更为广泛的应用时，信息化应用系统将

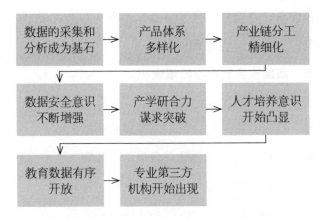

图4-3 大数据在教育行业的发展趋势

更加注重数据的获取与分析，通过收集更丰富的数据资源，增强应用系统的智能化水平，突显其竞争优势。与此同时，为了降低用户的理解难度，可视化技术也逐渐得到普遍的应用，为应用系统提供技术性支撑。

◆趋势二：产品体系多样化

教育大数据产品体系将呈现多样化特点。为了将传统的应试教育转变为素质教育，相关部门正积极改革考试招生制度，促进教育的创新式发展。未来，考试分数将不再是教师、学生与家长的唯一关注点，个性化的教育需求会逐渐增加。在这种发展大势下，更多的个性化服务产品将出现在教育大数据市场上。调研结果显示，在国内基础教育行业中，需求量较大的大数据产品集中在决策类产品、学习分析型产品、教育教学评价产品、辅助教育管理产品、个性化服务产品及预警类产品上。

◆趋势三：产业链分工精细化

教育大数据产业链将开展精细化运营，提供专业度更高的服务。互联网思维提倡极致化运作。出于优化教育服务的目的，教育大数据产业在后续发展过程中，将在原有基础上进行专业分工，促进产业链不同环节之间的交流、合作，发挥整体的协同效应。各个环节能够从专业供应商那里获得更加优质的服务。在市场需求的驱动作用下，国内有望兴起一批聚焦于交易数据获取、分析及价值挖掘的企业。

◆趋势四：数据安全意识不断增强

业内提高了对教育数据安全问题的重视程度，并将其作为产品质量评估的重要标准。在大数据时代，人们越来越重视数据安全，在这方面，教育大数据产品仍需做出改善。包括教育机构、政府、企业在内，在引进教育信息化产品时，都应该考虑其应用的安全性。与此同时，负责制定数据标准的部门，也要加快推出统一的数据应用标准体系。那些忽视数据安全性因素的企业产品，将在激烈的市场竞争中处于劣势地位。

◆趋势五：产学研合力谋求突破

教育大数据企业会加强与科研机构、学校之间的合作关系。企业仅依靠自身的能力，很难在教育大数据产品研发及应用方面取得突破式进展。在具体实施过程中，企业应该对学校的教育需求进行分析，在遇到技术瓶颈后，联手科研机构、高校共同解决。未来的教育大数据市场上，企业、科研机构、高校之间的合作将越来越普遍，三者之间能够发挥协同效应，促进教育大数据产品的开发和应用。

◆趋势六：人才培养意识开始凸显

教育行业将在教育大数据课程建设及人才培养方面投入更多的精力。人才方面的短板阻碍着国内大数据产业的发展。高校在大数据人才培养方面发挥着主导作用，随着该领域对人才需求量的提高，高校将增设教育大数据相关专业和课程内容。企业也会参与到教育大数据人才培养中，联手高校推出符合实际需求的教育大数据课程内容，为行业发展提供人才支撑。

◆趋势七：教育数据有序开放

教育数据的开放程度逐渐提高，应用也更加规范，企业可以开展相关运营，推出增值服务。现如今，世界各国都在鼓励公共数据的开放。公共数据中有一部分就是教育数据，可以预见，教育数据的开放性将逐渐提高。企业达到资质要求后，可以就许可范围内的公共数据开展运营，开发相关的增值服务。如此一来，企业就能够分担教育管理部门的责任，进一步推动教育创新，整合企业、教育机构的力量提取数据价值，优化教育服务，促进教育行业的发展。

◆**趋势八：专业第三方机构开始出现**

聚焦于专业教育数据质量与安全评估的专业第三方机构将纷纷涌现。存在于大数据应用过程中的数据安全与质量问题逐渐受到重视，要想促进大数据产业的发展，就要解决这些问题。如今，教育系统管办评分离政策已经进入到执行阶段，负责进行教育数据质量与安全评估服务的第三方社会机构会呈现迅速发展之势。这种第三方机构独立于政府之外，其存在并非为了获取利润，而是为了优化教育数据质量、提高数据评估的科学性。

未来，教育大数据的价值将得到更为广泛、深入的开发，教育行业将在大数据应用的驱动作用下加速变革。越来越多的教育研究者会参与到教育大数据的研究与分析中。为了实现大数据与云计算之间的对接，不妨借鉴海外国家的先进经验，根据我国的国情及企业自身的发展情况进行调整，推动教育行业的改革与创新，促使整个行业向信息化方向发展。

第二节　大数据实践路径

路径1：让教育管理科学化

近年来，政府、学校、行业协会、研究机构、相关企业等都参与到大数据应用领域中，对大数据的价值进行开发。教育行业的专家也纷纷探索将大数据与教育深度融合的方法。从实践层面上来说，教育大数据在教育主流业务中的渗透，及其对教育系统的改革创新发挥的促进作用，即为教育大数据的意义所在。

教育肩负着培养适应现代社会生存需要、具备较强创新能力优秀人才的重任，但由于我国师资团队建设滞后、教育资源不足等因素，给教育事业发展带来了诸多阻碍，而移动互联网、大数据、云计算、人工智能等新一代信息技术在教育领域的研究应用，为教育改革提供了新动能。

大数据是时代前沿技术之一，是各国政府布局的重点领域，在新一轮工业革命中扮演着十分关键的角色，在教育领域也具备十分广阔的应用前景。大数据能够促进个性化教学、精准化科研、科学化考核、智能化决策、精细化管理，培养富有创造力的优秀人才，显著提高教育水平与质量。

现阶段，国内教育管理的信息化工作依然采用传统的管理模式，对传统人工操作的依赖性较强，智能化水平有限，管理效率比较低下。在国家教育管理公共服务平台的支持下，相关部门的数据获取将更加规范。随着大数据在教育领域的深度应用，教育数据的价值将得到更深层次的挖掘，不同数据之间的关系能够被准确定位。

运用大数据技术来处理教育数据，提取海量数据中的价值信息，发现教育系统中的弊端，为决策制定及教育管理工作的实施提供精准的参考。大数据对教育管理工作的积极作用集中于以下几个方面：教育决策支持、教育设备的管理及环境调控以及教育危机的预防及治理工作。

利用大数据技术，不仅能够对教师及管理人员信息、财务信息、运维服务信息等等进行整理，并以图表方式进行可视化呈现，还能够对以往的教育数据资源进行深度挖掘，通过分析应用系统中存储的人口分布数据、地理位置信息、经济形势数据等，从中提取数据价值。在进行数据统计、对比分析、趋势预测、指标实现情况分析的基础上，提高数据资源的利用率，为管理者制定决策提供精准的参考，提高其决策的科学性。

自我国启动新课改至今，已经在环境建设、方法优化、课程内容丰富方面做出了成绩，但与预期的效果之间仍存在较大差距。由于没有发挥教育数据对课程改革相关决策的支持作用，仍然依靠传统经验模式来制定决策，难以提高决策的准确率。

在实施教育管理的过程中，应该充分发挥大数据的作用，利用传感设备来捕获教育管理过程中涉及的人员数据、办学条件数据、师资数据、教学活动数据等等，在进行数据整理与分析的基础上，以用户可理解的方式呈现数据分析结果。按照相关管理机构的具体发展需求，实施有序的教育管理，促进上级指令信息的高效传递。

教育管理机构在运营及发展过程中，会使用各类资产设备展开教学活动，并产生海量的数据信息，需要对这些数据进行存储及管理。采用智能化管控手段，能够充分发挥先进设备的各项功能，减少能源、资源消耗，降低管理难度并实现成本节约。

举例来说，国内部分高校打造了覆盖整个校园的智能能源监管平台，依托先进的技术手段，比如云计算、物联网、网络通信技术等，用准确的数据代替传统模式下的经验总结，提高管理者的决策能力，降低主观决策导致的失误，建设智慧化校园。

现如今，校园安全问题受到人们的普遍关注。利用传感设备与信息系统进行广泛的数据收集，并对这些数据信息进行对照处理，更加全面、有效地把握校园的安全运行情况，做好危机处理的准备工作，减少教育安全问题的发生概率。除此之外，大数据还能够应用于课堂管理、学校网络管理、学生救助、区域教育资源调度等多个方面，充分发挥教育数据资源的价值。

路径2：带来优质教学服务

如同传统工业时代大规模批量生产产品一般，传统教育模式难以培养多元化、个性化人才，教师居于主导地位，进行一对多的单向理论知识传授，学生的个性化需求得不到充分满足。在跨界颠覆成为常态的移动互联网时代，这种人才培养模式显然变得不再适用。

大数据技术在教育领域的研究应用，能够对学生进行深入分析，使教学过程将重点精力放在学习者身上，根据学习者的特性设计教学课程、教学方式方法，而不是让学习者被迫适应标准化的教材与课程。这更有助于激发学习者潜能，进一步强化学科优势，培养多元化人才。

传统模式下多采用"一刀切"式的教学模式，在利用大数据技术进行数据分析与处理的基础上，则能够提高教育的针对性，满足学生的个性化需求。依托大数据，大型开放式网络课程（MOOC）、翻转课堂将被更多学校采纳。教师能够精准把握学生的学习情况、学习进度等，并了解学生的兴趣爱好、知识漏洞，据此制定符合学生个性化需求的教学方案，以更加丰富、生动的教学方式为学生传授知识，打破传统课堂教学的束缚。

通过运用大数据，教师可以对自身及学生的情况进行全面把握，据此调整当前的教学模式，充分调动学生的学习积极性，帮助学生解决学习过程中遇到的问题。大数据技术还能在教师评估方面发挥作用，分析教师教学能力的提高，并采用科学有效的方法对教师的教学方法进行客观评定，督促教师在实践过程中不断改善教学方法、改进教学方案，为学生提供更加优质的教学服务。

借助于大数据技术优化教学方式正变得越来越普遍。

美国普渡大学推出"课程信号项目"，将来源于学生成绩单、学生信息系统、课程管理系统的数据进行分类整理，依据学生的学习情况将其划分为不同的组别，筛选出成绩状况不理想、可能无法通过最终考核的学生，为其提供个性化的教学服务。

提前预测结果是大数据作用的重要体现，这种功能可以被应用到诸多领域中，比如预测商业计划的实施结果、选举结果等等。在教育领域中，大数据的预测能力能够为提前干预打下基础，这也是相关企业在应用大数据技术的基础上，开发个性化教学、个性化学习产品的重要原因。

路径3：打造个性化学习方案

利用大数据技术，教师与机器能够对所有学生的具体情况进行准确的把握，据此推出符合其实际需求的学习工具、学习方法、活动内容、学习资源等等。尽管网络学习能够体现出个性化特征，但在缺乏大数据的前提下，机器对用户个人情况的把握是不全面的，难以为其提供个性化资源与教育服务。民主化教育的实现有赖于互联网平台的运营，个性化教育则离不开大数据的支持，而学习个性化是教育个性化的集中体现。

智慧型学习平台是学习管理系统的发展方向。在获取用户学习行为数据的基础上，利用处理与分析技术对这些数据进行深度挖掘与分析，选择恰当的学习者模型，据此为用户提供相对应的学习资源，实施有针对性的学习评价，对其学习结果进行客观、准确地评估，根据学习者的具体情况提供针对性的建议。

利用大数据技术，能够更加详细、全面地收集用户的学习行为数据，精准把握不同用户对学习资源的使用情况，具体包括使用学习资源的时间、学习时长、知识掌握情况、回访情况等等。在此基础上，平台能够对学习资源的质量进行科学评估，改进学习资源。与此同时，学生还能准确掌握自己当前的学习状况，具体如个人学习兴趣、擅长的知识领域等等，在准确进行数据分析的前提下，找到适合自己的学习途径与发展方向，充分发挥自身优势，进行自我导向学习，开发自身的潜能。

通过分析不难发现，已经存在于市场及还处于研发阶段的适应性学习产品，为了给用户提供更有针对性的学习服务，需要对用户的学习行为数据进行获取与分析。

在数据获取环节，系统会将学习内容中的不同概念联系起来，对学生的学习目标进行准确定位，然后用模型计算方式实施数据提取与分析。在推断环节，会运用心理测试方法、反馈方法等对此前获取的数据资源进行深度处理，将最终的处理结果用于为学生制定更有针对性的学习方案。在建议环节，会运用预测分析等方式给用户提供学习建议，并将其长期以来的学习记录呈现出来。

路径4：重构教学评价体系

评价是教育的重要组成部分，能够体现教学质量，并督促教师、学校对教学过程不断完善。传统教育评价体系过度强调学生考试成绩，对培养学生个性、提高其综合素质重视不足，难以为教学过程的优化完善提供必要支持。

大数据在教育评价方面的应用，将使考核评价覆盖范围更为广泛，除了学习成绩外，特长、身心健康、成长体验、学业进步等诸多方面也会被纳入考核体系，强调学生知识、技能、素养的共同发展，由过程性评价取代一次性评价，注重学习过程体验，避免偶然性，通过大数据采集分析系统对学生考核，减少人为干预，确保评价公平合理。

智能设备与系统在教育领域的应用，学习习惯、学习行为及表现等数据会被实时记录，帮助学校改善教学流程、管理，让教师通过教学反思不断提高教学水平，学生也可以对自身的知识体系有更为客观、清晰地认识，通过有针对性的课外学习补足短板。

传统模式下，教育评价主要依靠主观经验，采用单一的评价方式，评价对象为宏观群体。大数据在教育行业中的应用，使教育评价转而依靠数据信息，采用综合评价方式，评价对象也转为微观客体。

传统模式下，只能从网络教育平台获取档案信息，在智慧学习模式下，则可利用先进的信息技术手段获取教学及学习的所有行为数据，除了档案信息之外，还可收集用户所处的时间、地点、使用设备、个体特征等学习情境相关信息，以更加多元化的数据为中小学学业评价提供有效的信息参考。学生将拥有终生的学习档案，包含其学习期间所上的每节课的学习行为记录，教师也将拥有终生的教学档案，包含其所有教学行为记录。

利用云计算技术，在云平台永久保留学生与教师的档案，选择恰当的评估模型，定期评估学生与教师的学习及教学情况，据此制定个性化的服务方案。对于学生的行为表现，学校除了评估学生在校期间的学业完成情况之外，还会对学生毕业后的行为表现进行追踪，综合评判学校的教学水平。

现如今，相对完善的国家基础教育质量数据系统、多级数据采集系统已在我国教育领域中发挥作用。能够对学生的发展历程、学生各个方面的发展信息进行准确的收集，全面展示学生的发展情况，推动教育质量管理方式及学生培养模式向更加合理的方向发展。比如上海推出的"中小学生学业质量绿色指标"体系，除了学生学业水平数据外，该体系还包含了校长领导力、学生家庭背景、师生关系等相关数据，会将教学质量评估结果提供给区县教育部门及学校，促进教学服务、学习行为、教育管理等向更加科学的方向发展。

如今，很多国家都开始在教育教学评价中应用大数据技术。

美国田纳西州推出TVAAS（增值评价系统），该系统就能够长期记录学生的学习状况，据此判断学区、学校及教师的教学质量与教学能力。该系统面向3到12年级的学生群体，要求这个阶段的所有学生参与语言、科学、数学等测试考验，用增值评价方法来分析其考核结果，据此判断学生的学业发展情况，从而对不同学区、学校、教师所做出的贡献进行科学有效地评估。

TVAAS系统能够为教育决策者提供全面的参考信息，为发展性评价在教育领域的广泛推行提供支持。该系统能够分析不同学校在不同学科上的成绩增长率，根据此前的成绩增长率，找出成绩增长较慢或者成绩下降的学生群体，并实施干预；对不同学生在不同学科将取得的成绩进行预测，从中筛选出在毕业考试中可能失败的学生群体，帮助教师与教学管理者为这些学生制定针对性的教学服务内容；教师也可以利用TVAAS系统对还未进入其班级的学生情况及历史成绩进行分析，在此基础上选择适合这个班级的教学方案，通过这种方式提高教学水平与教学质量。

路径5：对教学实践持续优化

教育科学研究应该服务于教育教学实践，促进教育教学实践提质增效，培养更多的优秀人才，这样才能得到更多的资源支持。然而传统教育科学研究以质性研究和理论演绎为主，对量化研究和实证研究缺乏足够重视。类似观察法、调查法、统计法等诸多实证研究方法，虽然本身并没有问题，但受制于技术、成本限制，通常是以抽样调查的形式进行局部研究，成本高、时效性差，难以对教育教学实践进行持续优化。

进入大数据时代后，通过对教育教学数据进行深入分析，可以更好地识别教育相关关系、因果关系，找到现有教育系统中问题的根源，客观、公正地评估教育现状，科学合理地进行未来趋势预测。比如，一支由麻省理工学院、哈佛大学组成的学者团队，运用大数据分析技术对在线课程平台的教学视频操作行为进行深入分析，研究学习者的学习规律，并将这些规律和视频内容、时长等进行相关性分析，为在线课程平台完善内容体系提供了有效指导。

路径6：实现教育决策人性化

人工智能技术的发展，使教育决策更为科学合理，决策不再基于数量有限的个体案例，而是系统全面的教育大数据，由精细化、智能化决策取代经验型、粗放型决策。

通过对海量多元教育大数据进行搜集、分析及应用，驱动教育决策创新已经在美国、英国、德国等教育强国中得到了落地应用。比如，美国国家教育统计中心基于大数据技术建立学生学习分析系统，并通过该系统对学生学习行为、学业情况、学校生源规划等进行深入分析，为美国各级政府掌握教育发展状况、推进教育改革、促进教育资源的配置优化等带来诸多便利。

现阶段，教育机构很难做到对教学、管理整体状况的实时监测，更不用说实现对教育系统的动态监管，而大数据技术在教育领域的研究应用，将促使数据分析和学校日常经营管理相结合，促使教育机构为学习者提供全面服务支持。

比如，美国康涅狄格大学通过应用大数据技术显著提高了校园网络安全监管水平，搜集了校园网站、服务器、移动设备、应用程序等诸多数据，并通过分析海量日志文件对资源滥用、非法入侵等行为进行监测与定位，让教育管理人员及时发现潜在威胁，提高了校园网络系统安全性。

教育大数据中蕴藏着巨大的价值，大数据获取及分析技术在该领域的应用，则能够实现对这些数据价值的挖掘。伴随着教育数据的科学、创新应用，智慧化教育服务也呈现出蓬勃发展之势，而服务形式也越来越多样。

上海闵行区开展的数字校园建设就将大数据技术应用于其中，从各个方面对学生的学习发展状况进行记录，以可视化方式展现学生的发展状态，通过这种方式提高教育质量，转变传统的教育思想，促使学生培养模式、教育质量监管方式向更加合理的方向发展。

学校要求学生使用电子学生证，通过电子系统对其日常行为数据进行记录与收集，获取多元化的数据信息，并以图表形式对所获数据进行呈现，更加直观地反映学生的隐形需求与日常学习和生活状态，方便教师与家长了解学生的相关情况，及时发现问题。举例来说，学生早上几点入学，选择了哪些选修课，是否按照规定时间上课，是否到过图书馆，在图书馆中借了哪些书等等，学生家长通过交互式网络电视（IPTV）就能了解相关信息。

百度教育推出面向考生的高考院校库，将国内大部分"985"和"211"重点高校都纳入其中，在进行资源整合的基础上添加搜索功能，通过自然语言算法、大数据技术，为考生提供符合其个性化需求的数据信息，在考生进行分数预估、报考学校、专业选择过程中发挥作用。除了报考学校之外，大数据还能够在毕业生就业方面体现其价值。

云计算：建立数字化教育资源服务模式

第一节　云计算能否落地应用？

近年来，我国互联网教育、远程教育都实现了迅猛发展，学校及其他教育部门在设备购买、硬件基础设施完善方面投入了巨额资金。再加上现代科技迅猛发展，产品更迭速度越来越快，为适应教育数字化建设需求，教育部门不得不加大教育经费开支。对于教育数字化建设的相关人员来说，在这个过程中，如何减少在硬件维护、更新方面的投入，提升既有资源的使用效率是重点问题。对于该问题，近两年兴起的云计算技术给出了有效的解决方案。下面我们就对云计算技术及其在教育数字化建设中的应用进行全面解析。

◆云计算的概念及特点

对于云计算来说，"云"是最基本的处理单元，这里的"云"指的是各种各样的虚拟计算资源，比如带宽资源、存储服务器、计算服务器等等。在相应的技术支持下，这些"云"可实现自我维护与管理，进行自我调节。

云计算将这些"云"串联在一起，让它们之间通过相互协调、配合形成一个有机整体，通过相应的接口为用户提供计算、存储等服务。应用者无需关注技术细节，只要专注于自身的业务即可，从而降低了应用成本。

云计算包含很多服务器，有成百上千台小型"云"，还有几百万台大型"云"，规模非常大。云端存储的数据有专人管理，数据安全可以得到极大的保障。同时，云计算可以为用户提供应用服务，用户可以根据自己的需要通过任意一个终端获取服务，整个过程非常方便。云计算真正做到了软件即服务、平台即服务，通过互联网整合与实用计算为用户服务。

本质上，我们可以将云计算理解为一种复杂的互联网计算模型，随着其研究与应用日渐深入，其复杂性仍在不断提升。过去的几年，云计算在教育领域的应用成为一大热点。

◆**云计算在教育领域的发展现状**

云计算具有分布式、并行处理等特征，能够结合差异化的计算系统需求，在大型网络中进行高效精准计算，从而为人与机器决策提高重要参考。我们可以从以下两个方面来认识云计算在教育领域的应用现状：

（1）教学资源痛点给云计算应用带来诸多困扰

首先是教育资源分配失衡，在优质教育资源匮乏的中西部及农村地区学校探索云计算应用场景时，难以建立丰富多元的教学辅助工具，不能通过对教育资源的深度加工，服务学生的个性化学习需要。

其次是过高的教育资源更新成本，阻碍了云计算及相关技术的更新迭代。云计算技术在教育领域的应用并非孤立，而是要和大数据、物联网、人工智能等诸多新一代数字技术相结合。但由于这些技术的教育资源投入成本高昂，且需要一段较长周期，从而不能及时完成技术更新迭代，阻碍了云计算技术在教育领域的应用。

再次是教育资源共享水平较低，降低了教育资源的利用率，无法发挥云计算的资源整合优势。经济落后与发达地区的教育水平差距越来越大，不利于实现教育公平。

（2）基础设施和性能存在诸多问题

在将云计算应用至教育领域过程中，由于基础设施不完善，使云计算技术作用得不到真正体现，不能实现教学过程数据的全面记录。同时，云计算技术本身处于初级发展阶段，存在一定的不足，从而使其在教育领域的应用存在一定风险。比如，重要数据泄露问题会严重影响教育机构分享数据资源的积极性。

此外，云计算应用场景对标准性和互操作性提出了较高的要求，但目前国内大部分教育机构基础设施与性能都无法满足这一要求。

上述这些状况表明，当下云计算在教育领域中的作用还无法发挥到最大，其所处的地位略显尴尬。

云计算还有优势乎？

既然云计算的作用目前还无法发挥到最大，教育行业是否还需要云计算？云计算是否还有优势呢？答案是肯定的。云计算在教育领域的应用可以带来多重变革，比如教育成本下降、资源实现共建共享、资源安全得到极大的保障、资源使用效益不断提升等。因此，数字化教育仍然要大力融入云计算，以此来实现变革（见图5-1）。

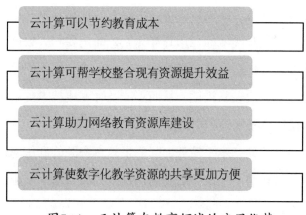

图5-1 云计算在教育领域的应用优势

◆ 节约教育成本

随着数字化教育不断发展，为满足不断增加的计算需求，学校不得不不断地添置硬件、软件，投入极大，而且投入与产出严重失调。同时，随着网络教育覆盖范围越来越广，很多学校都在尝试开发网络教育平台，为此投入了巨额资金，并在平台维护与管理方面投入了大量人力资源，包括技术人员、管理人员、学科教师等等，耗费了大量人力、财力、物力。在将云计算引入教育行业之后，只要接入网络，学校就能享受云计算带来的各种增值服务。

◆ 帮助学校整合现有资源，提升效益

在数字化教育建设之初，学校购买了很多设备，但因为这些设备的存储量、运行速度无法满足现阶段的需求，学校不得不舍弃这些设备，造成了严重的资源浪费。对此，学校可利用开源云计算项目为用户提供云计算服务，将学校舍弃的硬件设备整合在一起，构建一个虚拟的资源池，通过互联网为用户提供实用的计算服务。

◆ 助力网络教育资源库建设

对于数字化教育来说，资源库建设是比较重要的环节，资源库安全存储是一条非常重要的脉络。传统做法就是将资源库与实体服务器绑定在一起，通过安装防火墙与杀毒软件，保证资源库的安全。但现如今，网络技术日新月异，服务器的安全机制很难抵御新型病毒的入侵。为了保证资源库的安全，可以利用云计算技术将资源库放在云端，借助云端先进的数据纠错技术及专业的数据管理团队，保护信息安全，免除后顾之忧。

◆ 使数字化教学资源的共享更加方便

对于数字化教育的推行来说，数字化教学资源是基础，通过整合，数字资源利用效率可得以大幅提升，教育质量也能得以有效改善。但当前，我国教育行业不得不面临教育资源分布不均的问题，这一问题有两大表

现，一是教育资源区域分布不均，二是教育资源在各个学校分布不均。借助云计算技术可构建一个虚拟化、动态化的资源共享平台，在这个平台的支持下，优质的教学资源可在地区之间、学校之间实现共享应用。

云计算还有影响乎？

作为信息网络资源提供模式的云计算，具有虚拟化的特征。所谓云计算，即围绕互联网，采用公开的服务与标准，让用户通过简便的操作进行信息数据存储、计算与处理，发挥网络平台的数据存储及计算功能，为每个网络用户提供高效的服务。

从量子物理学的角度来理解，云计算是对"电子云"思想的实现，能够突出表现计算的社会性与分散性分布特征。"云"的核心构成为计算机群，这些群则由规模化的计算机设备构成，用于存储数据信息并进行统一的资源管理。

传统模式下，用户首先要在自己的手机、电脑等终端设备上下载应用程序才能进行操作，并将所需信息保存在本地。在云时代，可以在互联网平台上直接运行应用程序，用户所需的数据也可以从网络化数据中心中直接获取，由输出云计算服务的企业进行数据管理和维护。与此同时，企业还负责为用户提供有效的存储空间及计算能力，满足用户的数据存储与处理需求。

从学校的角度进行分析，独立打造技术中心对学校的资金实力提出了较高的要求，且教育信息系统的发展十分迅速，这就需要对技术中心进行频繁升级。云计算的应用则能够帮助学校解决这个问题，云计算服务能够为教育机构进行数据存储及信息处理。利用云计算信息网络基础架构，无需采购各类硬件设备，既能够降低成本消耗，又能迅速进行升级。此外，云计算能够促进教育信息系统中的信息共享。具体而言，云计算在教育领域中的应用，能够产生如下影响：

◆整合教育资源

云计算的应用，能够最大限度地减少终端设备的工作量。在云计算网络体系里，除了教学课堂之外，教育实验机构、个人用户都能够获得云平台提供的多元化服务，学习者只要具备基础的终端设备与网络，能够通过浏览器连接网络，就能在任何时间、任何地点获取自己所需的学习资源。整合优质的教学资源，能够满足日益增长的资源需求，解决长期以来存在的教学资源不足的问题，还能对资源价值进行深度挖掘，给学生提供足够的资源支持，为他们创造良好的学习条件。

◆节约硬件设备的投入成本

云计算可在原有基础上向外扩展，通过云平台将不同的硬件资源链接到一起，通过资源共享降低资金成本与时间成本。相较于其他技术手段，云计算更适合被应用到学校的各项活动中。依托云计算服务，学校只要保证电脑能够上网，就可通过云端进行大量的数据计算。在具体实施过程中，云计算能够整合分散在不同计算机设备上的计算能力，依托网络平台的优势实现资源集中，共同服务于用户，从整体上提高计算能力，对接他们的需求。

云计算技术仍处于初级发展阶段，为了推进其理论研究与行业应用日趋成熟，我们需要对其有更为全面、深入的认识，正视其不足与缺陷，积极从新视角寻找有效解决方案。比如，针对数据更新不及时问题，需要进一步布局物联网、传感器等技术与设备，推进教育设施数字化，完善各类信息系统。

云计算技术在教育领域的应用，为教育行业创新发展提供了新的思路，它使教育机构能够更为高效低成本地开展大规模并行计算，革新教育理念、模式与工具，让教师实现协同合作，学生随时随地获得各种优质的学习资源。虽然其应用仍存在一定的缺陷与不足，但这并不影响其价值的发挥。

可以预见的是，未来，随着云计算技术的不断发展以及创业者与教育机构的积极探索，云计算技术在教育领域的应用场景将会更为丰富多元，推动中国教育提质增效，为各行业源源不断地输送大量优秀人才，显著提高我国国际竞争力，实现中华民族伟大复兴的中国梦。

云计算如何带来帮助？

◆低成本提供在线应用软件服务

在云时代，服务器端为用户提供其所需的各类应用程序与文件资源，用户能够使用浏览器，在网络平台上实施编辑操作，并将编辑之后的文件保存在服务器端。通过云计算服务，用户可直接调用电子邮件系统、办公软件等等。这种资源利用方式能够帮助学校节约信息系统建设的资金投入，且不必在频繁升级系统方面消耗大量成本。举例来说，谷歌采用云计算模式，推出了Google日历、Google Docs等在线管理及编辑程序，用户可以在浏览器上获取此类服务，用日历工具安排自己的日程，规划学习项目，与其他用户共同进行文件资源的管理，编辑、制定文档与表格等等，充分发挥网络平台的优势进行资源共享与协同操作（见图5-2）。

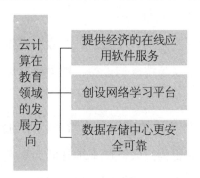

图5-2 云计算在教育领域的发展方向

◆**创设网络学习平台**

当云计算模式在教育领域的应用范围不断拓宽时，越来越多的学校、教育机构及用户个人会在云平台进行信息处理，改革传统的网络学习方式。在打造良好的教学环境及教学系统的过程中，云计算能够发挥积极的推动作用，为学习者营造良好的氛围。具体而言，利用云计算，学习者能够获取丰富的教育资源及优质的服务，选择适合自己的学习内容与学习方式，随时随地在网络平台进行学习。以谷歌的云计算服务为例，Google云平台集文档、表格、图片、视频、演示文稿等多元化信息类型于一体，并整合了各类云服务，为学生提供平台支持及丰富的学习资源和课程内容，满足学生的知识需求。

◆**数据存储中心更安全可靠**

在信息资源成为重要资产的今天，很多学校都注重发展教育信息资源，其资源规模逐渐扩大。但互联网时代的信息安全问题频发，逐渐引起人们的重视。依托云计算，学校的相关数据资源能够得到领先技术手段的保护，将数据管理工作交给专业的技术管理团队来承担。如此一来，学校就能提高其数据存储中心的安全性，如果在数据系统运营过程中出现非法入侵的现象，系统也能够及时采取应对措施，并避免用户复制文件导致信息泄露。随着教育信息化的建设与发展，学校无需在数据管理方面投入过多的时间与精力，能够聚焦于课程内容的设计，且数据存储的可靠性大大增强，不会存在数据丢失的情况。

云计算模式在教育行业中的应用，能够有效促进教育行业的数字化发展。云计算的应用既能够体现出社会性网络的开放性与共享性，又能降低信息处理的成本，提高计算效率。

第二节　基于行业的云计算应用实践

云计算在教育领域的应用

云计算在教育领域的应用主要表现在以下几个方面（见图5-3）：

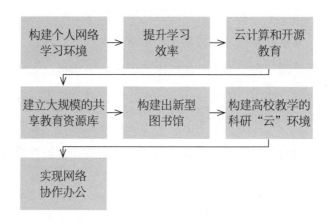

图5-3　云计算在教育领域的应用实践

◆构建个人网络学习环境

引导学生自主学习对提高其学习成绩具有十分重要的作用，借助基于云计算技术开发的丰富多元的辅助教学工具，可以为学生搭建独具特色的个人网络学习环境，使学生沉浸其中，获得更多的知识与快乐。

◆**提升学习效率**

云计算能够满足学生个性化的学习资源需要，它以学习者为中心，为学生提供较强时效性、较高可用性与安全性的各类数据，并通过和大数据技术结合，对数据进行分析计算，帮助学生答疑解惑，筛选高价值的数据资源，提高其学习效率。

在基于云计算技术的全新计算模式中，计算系统性能得到显著提升，能够为学生解答传统教育难点问题，比如，生动形象地为学生解答较为模糊抽象的概念性问题等，而且计算过程中对多种知识的综合应用，能够促进学生全面发展。

◆**云计算和开源教育**

云计算在教育教学活动中的应用实践，有力地推动了开源软件的创新发展，这将对开源教育的发展产生十分积极的影响。与此同时，开源软件可以作为云计算教学辅助工具，为学生的学习提供诸多便利。

◆**建立大规模的共享教育资源库**

我国现行的教育资源库存在教育资源整合力度低、共享程度低、分配不均衡、信息孤岛等诸多问题，而将云计算技术应用到教育领域后，教育机构将能够对已拥有的教育资源进行系统梳理，通过系统自动化、智能化的数据分析与管理，深度发掘现有资源潜在价值，对教学资源进行及时更新，提高人才培养的灵活性、适应性，降低企业培训成本。同时，加强数据安全建设，在加密工具的加持下开展教学数据的搜集、分析及应用，保障数据所有者的合法权益。

此外，云计算技术还将有力地推动教育数据共享，这对于开展远程教学与管理具有十分重要的价值。传统远程教育模式对学生缺乏深入了解，难以实现定制化、个性化教育，而云计算技术能够促进学校、培训机构、互联网教育平台之间进行数据共享，从而对学生有更为深入全面的认识，针对学生差异化的学习需要，定制推送学习资源。而且系统也可以将对学生的分析结果提供给学生本人，让学生认识到自己的优势与不足，强化优势，补足短板。

◆ 构建出新型图书馆

在高校图书馆及城市图书馆等大型图书馆中，图书数量庞大、类目复杂，给图书管理带来诸多困扰，而云计算的出现，有望使该问题得到彻底解决。比如，在图书馆书目分配方面，应用云计算技术，可以根据图书关键信息，对其进行系统划分，使图书分类更为精细化、合理化，方便读者借阅。

同时，读者可以利用PC电脑、智能手机、Pad等访问线上图书馆，获得丰富多元的图书资源，这极大地方便了那些工作繁忙、仅能在碎片化场景中学习的上班族，对提高图书资源利用率具有极高的价值。

◆ 构建高校教学的科研"云"环境

很多高校科研项目对复杂计算和研究有较高的依赖性，要结合实验项目与科室的差异，进行科学合理的实验编制并开展科技实验。显然，这需要投入较高的人力、物力成本，如果有强大的管理系统，这一问题将得到有效解决，应用云计算技术解决这一问题受到了高校的青睐。

基于云计算技术进行研究与管理，从中得到海量数据，然后对数据进行深入分析，从而为科技实验高效、顺利开展提供强有力支持。同时，云计算技术在科技实验基础设施建设中也有极高的应用价值，它能让设备与系统接入网络之中，实现数据的实时传递与高效处理。此外，教师开展教学实验时，可以利用云计算技术对实验数据进行分析、过滤，提高教学实验科学性、精准性。

◆ 实现网络协作办公

利用云计算网络服务，可以打破时间空间限制进行协同合作，共同研究新知识、新教学方式方法等，整合办公软件，提高教学、管理、考核效率，为学生提供更多的指导与帮助。与此同时，云计算网络服务具有极强的开放性，可以及时整合最新的科研成果，为教师开展教学工作提供有力支持，培养更加适应国际竞争环境的应用型人才。

云计算的教育细分领域应用

◆ 在移动学习、泛在学习中的应用

从目前的发展形势看，我国教育行业必将向移动学习、泛在学习的方向不断发展。国内教育行业的专家、学者对泛在学习、移动学习投入了极大的关注。移动学习、泛在学习要想实现快速发展，必须解决两个关键问题：第一，为泛在学习、移动学习提供必要的技术支持，形成有利于其发展的技术环境；第二，建设数字化资源。

在解决这两大问题方面，云计算独具优势：第一，云计算可以搭建一个平台促使数字化资源实现共享，采用相应的技术保证资源安全；第二，云计算通过云端进行存储、计算，对终端设备没有太高要求，只要用户能接入互联网即可；第三，借助云计算的虚拟技术，不同学习设备之间可以共享数据，为泛在学习、移动学习的发展提供强有力的支持（见图5-4）。

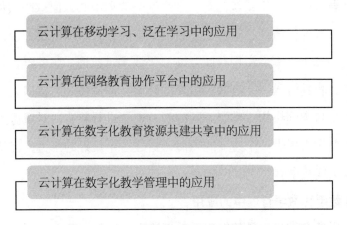

图5-4 云计算在教育细分领域的应用

◆**在网络教育协作平台中的应用**

对于数字化教育而言，协作学习发挥着极其重要的作用，不仅有利于学习者之间分享知识，还能培养学习者的情感，塑造学习者的人格，提升学习者的交际能力。云计算为学习协作平台的搭建提供了方便，比如 Google Sites。Google Site就是一个在云计算基础上构建的协作平台，师生可借此平台相互协作，开展课题研究；教师可利用该平台的在线测验系统获取学生对某一问题的反馈，并通过论坛系统增进师生之间、学生之间的交流与互动。

◆**在数字化教育资源共建共享中的应用**

数字化教育的推进必须做好基础设施建设，其中资源建设是核心，资源的高效利用是目的。所以，数字化资源建设就成为其能否成功推行的关键因素，该因素还影响着整个教育事业的发展。现阶段，我国数字化教育资源建设存在诸多问题，比如重视引入新技术，忽略了内容建设；重视初次建设，忽略了二次开发及深入整合；只重视资源建设，不关心资源是否实用，导致资源利用率较低，资源无法实现可持续发展。

导致这些问题产生的原因有很多，其中最重要的一个原因就是各个教育系统各自为政，每个系统都有一个小型的数据中心，但这些数据中心相互独立，资源无法流通、整合。随着云计算在教育领域应用，上述问题找到了有效的解决方案。利用存储、虚拟化技术对数据、服务器、存储系统进行整合，将其融入一个高效、可靠的环境，通过统一的接口为用户提供服务，对来自不同机构、类型不同的教育资源进行整合，对资源进行分类管理，为使用者提供一个统一的入口，搭建一个良好的平台，促使数字化教育资源实现共享。

◆**在数字化教学管理中的应用**

数字化教育带来的是数字化的教学管理，这种管理方式可以有效降低管理成本，提升管理效率。数字化教学管理系统涵盖了两个方面的内容：第一，在教学方面，数字化教学管理系统包括数字化图书馆、公共资源服务系统、多媒体应用系统；第二，在管理方面，数字化教学管理系统包括校园公共平台建设及数字化服务平台建设。数字化教学管理系统的购买需要投入一大笔资金，但如果使用云计算套件，学校只需支付很少的费用，或者无需支付任何费用就能做好教学管理。

基于云计算技术的教育信息化

长期以来，因为信息资源所处位置的限制、网络信息传输速度慢、服务器信息处理能力低，导致数字化教育平台建设无法满足实际应用的需求，存在信息资源孤立、服务器资源得不到充分利用、信息设备缺乏有效管理，以及部分地区信息网络速度慢等弊端。为了解决这些问题，云计算应运而生。在采用分布式计算模式的基础上，互联网计算与云计算一起，围绕用户开展数据运营，在云端进行数据存储与管理，方便用户在产生需求时进行数据提取与应用，突破了时空因素的限制。利用云计算，互联网的所有节点都能够进行数据存储与信息处理（见图5-5）。

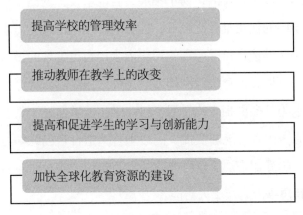

提高学校的管理效率

推动教师在教学上的改变

提高和促进学生的学习与创新能力

加快全球化教育资源的建设

图5-5 基于云计算技术的教育信息化

◆提高学校的管理效率

传统模式下，学校要重复建设应用网站，还要进行服务器分配，应用云计算则能够省去这些工作。作为共享资源，云平台上的一切数据信息都能以有效的方式进行管理，实现资源共享。这种方式不仅能够节约建设教育信息系统的成本，还能促进教育信息的高效流通，及时进行系统更新，解决学校管理效率低下的问题。在新生入学、毕业生离校时，学校相关部门要承担体量庞大的数据处理工作，进行大量的数据计算与分析，云计算则提供了有效的解决方案。

◆推动教师在教学上的改变

在新时代的背景下，教师需要重新定位自己的角色。具体而言，应该突破传统教学观念的束缚，革新传统教学方式，提高自身对新环境的适应能力，发挥云技术的作用，提高学生的学习主动性。随着数字化教育改革的进行，网络培训和学习将逐渐普及开来，网络教学也将得到迅速发展，相关数字化设备应该被应用于教学实践中，为教师教学和学生学习提供技术、资源支持。

◆提高和促进学生的学习与创新能力

云计算的应用比较灵活，易于拓展，且能够发挥网络平台的优势，因而在学习环境中的使用难度比较低，能够满足学生群体的需求。利用云计算技术，学生能够选择自己所需的课程内容与自己偏好的学习方式，在原有基础上进一步提高信息资源利用率。另外，还能用云计算技术，针对学生的个人需求为其提供相应的学习资料。学生能够通过浏览器获取海量的数据信息与服务内容，能够快捷、高效地打造适合自己的学习环境，无需学习各类软件的操作方法。这种方式能够节省用户的时间与精力，同时发挥学生的创新思维能力及个人潜能。

◆加快全球化教育资源的建设

现阶段，教师及教育技术中心承担着教育资源开发的任务，由他们推出的多媒体课程、网络课程内容存在严重的同质化现象，且更新速度十分缓慢。在云计算技术普遍应用的今天，人们可以使用云服务，在云平台上存储大量的教育资源。所有对教育资源存在需求的用户，都可以通过平台进行资源获取与应用。从这个角度来说，教育行业内部的各个环节之间应该加强合作，共同发展教育资源，不断丰富教育信息资源库，推动整个行业的发展。

云计算的信息化应用

◆云计算在数字化教育中的应用

（1）云计算促进开源教育软件的发展

云计算在教育信息化中的应用，给开源教育软件的发展创造了有利的环境。开源软件与云计算的许多理念是一致的，两者都强调以服务为中心，主张软件免费，不仅如此，开源软件的灵活性比较高，易于拓展，云计算在发展过程中也体现出了类似的特征。

（2）云计算将使教育资源开放和共享

数字化时代，多数用户会选择从本地搜寻应用资源、存储资源，并使用本地的计算资源。随着云计算技术的普遍应用，更多的资源转移到云计算平台上，以云服务的形式存在，降低了资源管理的成本。不仅如此，云计算的灵活性及延展性也更强。在进行环境打造及拓展的同时，基于云计算，用户还能利用高速宽带和计算资源，拓展信息的来源与途径，并将自己的资源提供给他人，提高教育资源的开放程度，加速资源的流通，进而实现资源的有效利用。

（3）构建"云·地"中介，促进"人·云"交互

在云计算普遍应用的今天，教育机构应该采取有效措施，发挥云计算对教育信息化发展的推动作用。为此，要建立"云·地"中介，依托云服务，提高教育管理机构的信息处理能力，促进教育资源的共享，成立学习共同体，加快"人·云"交互发展。

（4）以云为平台，促进数字化教育的多元化发展

在数字化教育建设及发展的过程中，教育信息资源的规模逐渐扩大，服务内容也越来越丰富，与此同时，人们对教育信息的需求也呈现出多元化特征。云计算平台则能够对接这种变化之后的需求。比如，Google地球社区被应用到学校的地理教学课堂上，能够体现Google云服务的价值。另外，用户还能租用网络空间来打造独立的网络平台，无需引进硬件设备，也不用自己进行系统维护，在实现成本控制的同时，为数字化教育的发展创造良好的环境。

（5）构建个人网络学习环境，提高网络学习效率

如今越来越多的人选择网络学习，为了满足人们日益增长的需求，就要注重对个人网络学习环境的建设。利用云计算技术，市场上推出多元化的学习内容与学习方式，供用户自由选择。此外，用户还能使用网络化工具打造个性化的学习环境。举例来说，用户可使用云服务中的Sakai工具对课程内容进行管理，通过iGoogle创建个性化网页。从中能够看出，在云计算技术普遍应用的背景下，用户能够通过简单、高效的操作打造专属于自己的网络学习环境。

◆云计算在数字化教育中应用的技术

（1）虚拟化技术：云计算的中心特征就是虚拟化。运用虚拟化技术，能够使软件与硬件相互独立，如此一来，用户无需关注硬件相关问题，只需通过软件操作就能满足自身需求。另外，利用虚拟化技术，能够

将各个服务器资源整合到一起，避免有的服务器负担过重，而有的服务器处于闲置状态，能够从整体上提高资源利用率，加速数据信息的处理。

（2）安全技术：云平台的数据中心在技术层面具备领先优势，负责进行数据信息的存储，后台的技术管理团队则为用户提供数据管理服务。如此一来，用户就能节省更多的时间与精力，聚焦于课程的设计和教学活动的实施。

（3）SaaS：软件即服务，允许人们以租用的方式来使用网络平台上的软件，软件可以在浏览器上向用户开放。这种方式能够降低国内教育信息化过程中的成本消耗，获取更加丰富的软件资源。

云计算技术具有不同于传统计算技术的新特点，其应用降低了数据存储及管理的成本。云计算技术在教育领域中的应用，使教育资源的大范围整合与调度成为可能，有效促进了教育行业的发展，未来，其应用范畴将不断拓宽。

第三节　基于平台的云计算应用创新

数字化教育云平台

在数字时代，教育行业引入云计算是必然趋势。在不同国家的教育领域，云计算发挥了不同的作用。1976年，美国哥伦比亚师范学院院长劳伦斯·克雷明在《公共教育》中论述"教育生态学"，将学生比作种子，将家庭比作土壤，将教师比作园丁，将社会比作环境。随着教育生态系统不断发展，学生受教育的方式与特点发生了极大的改变。

数字化教育不断发展，推动教育形式与学习方式发生了重大变革，智慧教育模式应运而生。根据教育部的要求，在"十三五"期间，我国要进一步围绕智慧教育的理论与实践，推动云计算与智慧教育理念进一步融合，将智慧教育融入"三网合一智慧教育云"平台，构建一站式数字化教育服务平台。

在智慧教育云平台的作用下，传统的教育边界被打破，教育、管理、娱乐、学习、交流可以通过一个平台完成。在智慧教育云平台上，家长、教师、学校、学生等教学活动的参与者，可以根据各自的权限完成不同的工作，可以在线使用很多教学软件，还可以根据自己的需要获取海量教学资源。

（1）学生：在智慧教育云平台上，学生可以参与智慧课堂，自主探究，与同学、老师交流互动，开展协同学习等等。该平台还为学生提供了一个可以随时随地学习的自主学习系统，全面推进素质教育，大规模提升学生的学习质量。云教育平台为学生创造了一个全新的学习空间，打破了传统课堂教学的种种制约，学生可随时和教师、同学、好友交流互动，解决疑难问题。智慧教育云平台的发展目标就是让所有进入平台的学生都能享受到轻松、愉悦的学习体验。

（2）教师：利用云计算构建的资源共享互动平台，可使教学资源与技术服务实现均衡配置、全面共享。教师可利用该平台的教学诊断功能对学生的学习情况做出全面了解，制定个性化的教学方案，开展教学研讨，分享科研成果，促进教学改革。

（3）家长：家长可通过家长社区进行交流，分享家庭辅导及教育经验，不断学习，提升自身素质。学校利用云计算创建家校互通平台，为家长、学校、教师、学生的四维沟通提供极大的方便。

（4）学校：学校是"智慧教育"模式的实施主体，其实践经验可为教学改革提供参考。对于高等院校来说，创建智慧课堂教学平台不仅能降低教学管理成本，还能提升教学管理效率及办学效益。

数字化教育云平台的构建

◆新型智慧教育云平台存在的问题

目前，我国关于新型智慧教育云平台实践的研究非常多，这些研究或多或少都存在一些问题。

（1）教育资源难共享。云教育就是利用云计算对所有教育资源进行整合，构建一个教育资源库，实现资源共享。所以，对于云教育来说，导入教育资源是核心，如果不能对教育资源进行整合，云教育就无法实现。

（2）实践维度局限。教育资源共享，让教育资源实现均衡分配是云教育的终极目标，所以如何从理论到实践是云教育面临的一大难题。

（3）网络环境缺乏有效的监管机制，学生参与度不高，信息化手段没能实现有效应用，设备平台的兼容性较差，这些问题亟需进一步研究解决。

新型智慧教育云平台围绕信息资源获取创建了一个即插即用的"学习云"，教育主体可以借助云技术聚焦任务、协作互动、进行自主探究与泛在感知，实现数据留存。在此形势下，课堂教育更贴近"剥离知识，贴近应用"，实验教育进一步实现了"知其然，知其所以然"，学生愈发靠近"以自我为中心，协作学习"，教师回归"以教育为本，快乐培育"。

通过对"软件服务"与"硬件设备"进行整合，推动教学模式实现多元化发展，创造一种能够减轻师生负担，提升学习效果，促使学生能力实现全方位发展的学习模式。

★翻转课堂教学：利用先进科技将以前在室内开展的单向教学放到课外进行，在课内教学过程中，教师要致力于拓展学生更高层次的能力，比如解决问题的能力、沟通协调能力、创新创意能力等等。

★教学资源共享：借助云端服务让类型丰富的数字教材实现广泛传播，让优质的教材在各个学校实现共享，进而减少教师的教学负担。

智慧教育的实现不仅要借助于不断的教学实践，还需要教师不断地学习新的教育理论，对教学实践进行反思，从而迈进一个全新的发展阶段（见图5-6）。

◆云计算环境下的智慧教育云平台创新

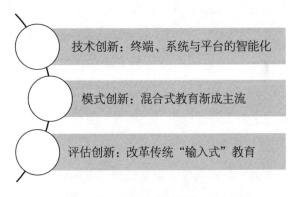

技术创新：终端、系统与平台的智能化

模式创新：混合式教育渐成主流

评估创新：改革传统"输入式"教育

图5-6 云计算环境下的智慧教育云平台创新

（1）技术创新：终端、系统与平台的智能化

在教育云计算的基础上形成的智慧教育，通过智能分析为教师提供所需信息，让他们有针对性地对教材进行改革，对课程进行设计，鼓励学生利用信息技术主动学习。通过信息技术的灵活应用，学生可以轻而易举地获取信息，与同学、老师交流讨论，为学业管理、学术研究提供极大的方便。

在教学系统方面，教学管理系统、课程采集系统、课程管理系统、协作学习系统、教学分析与预测系统、多媒体投放系统，为智慧教育提供了强有力的支撑。在此情况下，高科技供应商与高校合作，借云端缩放技术使课件的应用价值得以大幅提升。在这些系统的帮助下，教师可触及每一位学生，学生可接受来自课内课外、校内校外的优质教学内容，可随时参与各种学习讨论，学习方式更加多元化、人性化，教学内容更加丰富，教学质量得以大幅提升。

（2）模式创新：混合式教育渐成主流

随着教育技术不断更新，学生大范围地使用技术工具，教师的课堂教学迎来了极大的挑战。实践证明，利用教育技术打造的探索式学习模式是最有效的教学方法，真正做到了以学生为中心。

智慧教育升级了面对面学习、在线学习、混合式学习等多种学习方式，对学习方式进行了创新。在整个教育创新中，混合式学习是一种最激进的学习方法创新，师生之间的接触越来越多，与探索式教学方法实现了有效融合。总而言之，混合式学习将研究型大学的传统优势充分发挥出来，强调学生以技术为工具进行学习、思考，使教育经验得以有效丰富。

（3）评估创新：改革传统"输入式"教育

如何通过技术创新革新高校的教学经验，业内人士各有各的观点。随着大规模开放式在线课程及其他在线教育项目在更大范围内落地，世界各国的学生都能在线选修同一门课程。

随着学校收集、积累的学生数据越来越多，学校对这些数据进行处理并将其用于预测分析、快速评估与反馈，教育行业要尽快做出新的定位，从"输入式教育"转变为"成果式教育"，找到一种更适合学生的在线学习的评估与认证方法。

云计算对教育资源建设的影响

◆云计算应用于资源建设的优势

云计算涉及的技术主要有编程技术、虚拟化技术、海量数据分布存储及管理技术、云计算平台管理技术等。其中，海量数据分布存储与管理技术将依托云计算系统的庞大服务器集群，满足广大用户的个性需求。分布式存储能够实现海量数据的实时存储与调用，确保了数据的可靠性、实用性与高效性。

虚拟化技术能够将一台计算机虚拟为多台逻辑计算机，提高计算机硬件容量，简化软件的重新配置过程，同时，将计算机硬件装置和软件应用隔离，整合多种优质资源建立一个虚拟资源池，或将一个资源分为多

个虚拟资源。目前，云计算虚拟化技术的应用方式为：借助图形处理器
（GPU）、服务器、操作系统等计算机元件进行资源共享，为用户提供定
制化的各种云服务。

云计算平台管理技术的价值在于，云计算平台需要同时运行大量的服
务器、应用软件，通过云计算平台管理技术可以维护服务器的正常运行，
及时找到云计算系统中存在的问题，并将其快速解决，从而实现云计算系
统的安全、稳定、高效运行，提高整个云计算平台的价值创造能力。

建设云计算平台需要投入极高成本，所以，大部分的云计算平台
是政府或大型企业支持建设的，国外的亚马逊AWS、谷歌Google Cloud
Platform、微软Microsoft Azure，以及国内的阿里云、百度云、腾讯云等都
是典型代表。

◆**云计算对远程教育资源建设的影响**

云计算服务商可以结合远程教育实际需要，利用并行计算的大型高端
服务器集群提供个性化、多元化的云服务。远程教育机构可以按需租用云
计算服务商的云服务，将平台和云端服务器连接起来，为学习者学习、自
我测评等提供支持。

云服务具有极高的网络带宽水平，安全可靠的软件应用功能为用户提
供了优良平台，通过整合大量优质资源并合理分配，提高服务水平与质
量。具体在远程教育应用场景中，云服务可以整合政府、教育机构、企业
等各方资金，为教学资源研发创新提供支持，激励更多的教育工作者及学
生共享教学资源，有效降低远程教育门槛，使更多的教师与学生享受到远
程教育带来的便利。

云计算平台为用户提供的云端服务是以共享型硬件设备、软件资源等
形式体现的。云端服务器整合了海量的联网远程教育平台资源，对教育资
源高效配置，促进远程教育均衡发展，提高中西部及农村与三四线城市教

育水平，具有十分积极的影响。

远程教育资源建设实施方案

远程教育是现代教育体系结构中的重要组成部分，对于整合教育资源，提高教学效率与质量，促进教育公平，具有十分积极的影响。云计算技术的崛起，使人类社会步入"云时代"，互联网从此前的资源主导转变为服务主导。而互联网是发展远程教育的基础设施，其发展与变革必然会对远程教育产生深远影响。在远程教育资源建设过程中，云计算技术具有十分广阔的应用前景，有利于加快实现服务主导的远程教育。

◆远程教育资源建设现状

（1）区域发展不平衡。远程教育发展往往和当地经济发展水平存在直接关联，这就导致了中西部落后于东部，农村与三四线城市落后于一二线城市的不利局面。

（2）存在一定的重复建设、资源浪费问题。由于教育信息化建设缺乏完善的制度与标准体系，导致远程教育资源配置缺乏有效指导，地区、层级、教育机构之间难以实现高效低成本的资源共享，造成重复建设、资源浪费问题。

（3）资源整体质量有待提高。由于不具备系统完善的建设规划，使远程教育资源系统性与交互性处于较低水平，现有音频、视频、题库等教育资源难以满足实际需要。

（4）维护投入有所不足。很多机构虽然耗费较高成本引进了远程教育设备、系统，然而没有专业的技术团队负责维护，无法及时更新数据及软硬件设施，资源难以得到充分利用。

（5）资源安全防护性能处于较低水平。法律法规建设滞后，使远程教育资源所有权不明确，再加上保护意识缺失，资源很容易被盗用，影响了地区、层级、教育机构之间共享资源的积极性。

◆**云计算在远程教育资源建设中的实施方案**

（1）资源整合。将各地区、层级、教育机构的教育资源整合到云平台之中，或者将学校的服务器整合到云中，打造面向全国甚至全球的教学资源共享平台，让学生可以根据自身的个性化需要选择图书、音频、视频、教师等各种教育资源。

（2）资源高效利用。将云计算应用到远程教育资源建设之中，可以有效减少重复建设、资源浪费问题。学校等教育机构将教学资源存储到云端服务器中，学生可以利用随身携带的移动智能终端设备获取资源。同时，教育机构可以协同合作，通过资源共享降低科研项目试错成本，加强成果转化。

需要指出的是，由于远程教育模式中，学习者拥有较高的自主选择权，云环境中的教学资源必须和学生需求相一致，这样才能提高学生学习积极性，因此，基于云计算的远程教育课程内容设计不但要考虑教学目标，更要注重学生的个性化需求。

（3）反馈答疑。及时的反馈答疑可以帮助学生快速解决问题，巩固学习效果，提高学习积极性。具体到基于云计算的远程教育资源建设方面，可以建立教育教学答疑云，这种答疑云的形式并非固定，可以根据实际情况做出灵活选择。其中，应用较为广泛的答疑云形式为：对学生学习问题进行汇总并给出参考答案，然后将其存储到云端，当学生遇到类似问题时，可以从云端获取答案。

当然，有些问题是个体学生存在的独有问题，此时需要学生向教师或其他学生寻求帮助，所以，在解答疑云的过程中，还需要在学生与学生、学生与教师之间建立高效便捷的沟通机制。

第六章

移动学习：碎片化时代的
高效学习模式

第一节　后疫情时代移动学习渐入佳境

移动学习模式的最佳发展契机

数字化教育模式里，移动学习是最大的特征之一，同时也是不可或缺的形式。移动学习具有轻量、碎片化、娱乐化的特征，应用场景非常广泛，比如企业文化宣导、员工培训、人才选拔、资质证书考试、企事业单位政务宣传等等。随着后疫情时代的来临，移动学习者数量呈现明显的上升趋势，这是一个明确的信号：未来，所有的行业都将加入移动学习。移动学习模式正迎来最佳的发展契机。那么，究竟是什么带给移动学习这个发展契机呢（见图6-1）？

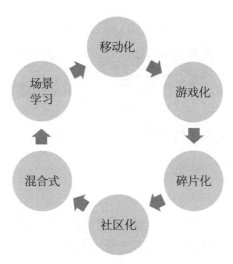

图6-1 移动学习模式形成的主要因素

◆**移动化**

在过去几年，学习移动化的趋势愈发清晰，诱发该现象的一个重要原因就是智能手机、平板电脑、高速宽带实现了普及应用，移动互联网时代随之到来，移动学习成为备受关注、广受议论的热门话题。

◆**游戏化**

学习游戏化是目前比较流行的教学理论与实践。从本质上看，游戏化学习是一个交互设计问题，设计具有交互性的产品、环境、系统、服务等，供学习者使用是核心。游戏化学习的实现方式有两种，第一种是在教学过程中引入小游戏，比如H5或Flash等类型的游戏课件，这种方式比较灵活，但成本比较高；第二种是系统功能游戏化，比如设计学习闯关游戏等等，模式比较固定。

◆**碎片化**

在学习方面投入的时间会在很大程度上影响到学习效果，而传统面授教学方式投入的时间有限。事实上，学习者有大量碎片化时间可以用来学习，提升自身的能力。数字化学习的出现为这一问题提供了有效的解决方案。在数字化学习模式下，学习者可以利用课堂外的时间学习。进一步观察发现，学习者愿意投入到学习中的时间往往是那些无法用来开展娱乐活动的碎片化时间，比如乘坐公交车时、上厕所时等等，这些时间学习者很难做其他事，是比较理想的碎片化学习时间。移动学习可满足学习者利用碎片化时间学习的需求，只要设计得当，学习者能在2～3分钟内学到有价值的内容，掌握一个小技能。

◆社区化

在日常生活中，如果遇到问题，人们习惯利用百度搜索答案。但在工作中遇到问题，如果身边的同事不能给出很好的建议，就要向业内专家或学者求助了。通过移动学习平台，学习者可以在线提问，或以悬赏积分的方式邀请同行专家做出专业回答，回答者可以获得相应的积分。这自然而然地形成了一个相互关联的学习型社区。

◆混合式

混合式学习指的是在恰当的时间使用恰当的技术与学习风格，向恰当的学习者传递恰当的能力，使学习效果得以进一步优化的学习方式。混合式学习将传统学习方式与网络学习方式相结合，将二者的优点结合在一起，既将教师在教学过程中的主导作用发挥了出来，比如引导、启发、监控教学的作用等等，又体现了学生在教学过程中的主体地位，充分调动了学生学习的积极性、主动性和创造性。

◆场景学习

场景化学习就是利用移动通信设备（比如手机）在互联网场景下开展学习活动的一种模式，是情境教学法的延伸。场景化学习有三种最常见的状态，一是现场直播模式，二是微课演示模式，三是移动互动模式。

（1）UGC

UGC（User Generated Content）指的是用户原创内容，在线教育领域称之为内容共生，就是用户通过互联网将原创内容展示出来或分享给其他用户。近年来，移动互联网迅猛发展，学习者可随时随地使用手机向其他学习者分享学习内容及学习课件，对传统的培训内容进行补充，共同创造了多样化的学习内容。

（2）PGC

PGC（Professionally-generated Content）意为专业生产内容，形式和UGC别无二致，但相较于UGC来说，PGC内容对生产者的资质提出了更高要求，要求内容生产者是行业专业人士，比如行业专家、内部讲师等等。

（3）OGC

OGC（Occupationally-generated Content）意为职业生产内容，形式和PGC相同，二者的不同之处主要表现在是否获取报酬方面。PGC内容生产者往往是基于"爱好"生产内容，免费分享知识，不以获得报酬为目的；OGC以职业为前提，内容创作属于职业行为，其身份多为专业讲师、行业专家等等，创造内容的目的是获得一定的报酬。

移动学习具备的这些先天因素不仅打破了传统培训的种种局限，还使学习者在移动互联网时代的学习需求得到了极大的满足。对于整个学习、培训行业来说，移动学习是趋势，它将移动互联网技术与学习内容结合在一起，为学习者提供了一个全新的学习途径，开启了一种全新的学习方式。

移动学习的10个特征

学生都希望获得丰富、有意义、有吸引力的学习体验，但必须明确的是移动学习潜藏的动机与移动设备本身无关，反而与他们能给学生带来的自主权与机会密切相关。

移动学习是一种由个人选择的自主学习方式。为了更好地进行移动学习，我们有必要了解其特征：

◆ **内容获取**

一个移动学习环境包括可获取的内容、有共同兴趣的同行者、相关行业的专业人士、相关专著、可靠的信息源以及相关主题的前瞻性思考。以上这些可以通过智能手机、iPad或笔记本电脑等来实现，但获取内容是个人行为，这需要学习者有意识地自主进行。

◆ **云端加持**

云是移动学习智能化的助推器。通过访问云端，可以随时随地获取所有数据和项目材料，还能进行修改，甚至实现多人协作，这在以前是很难操作的，现在可以轻易做到。

◆ **透明性**

透明性是伴随互联、移动和协作而产生的。学习者的计划、思考、表现和反思都是在移动的数字媒体上完成，他们通过社交媒体就可以直接接触本地和全球的相关社群。

◆ **娱乐性**

娱乐性也是移动学习的主要特征，是吸引学习者参与的一大原因。有了参与的想法，学习就变得有趣，所以娱乐与参与互为因果。在移动学习的环境中，学习者通常会遇到一些计划外的数据、领域和协作者，这些动态多变的信息和条件，改变了学习沉闷的基调，使枯燥的学术学习转变为更有趣味的个性学习。

◆ **灵活性**

对知识不同步的获取是移动学习最重要的原则之一。这打破了传统教育环境（学校）的壁垒，学习者可以在任何地方，任何时刻，进行一场真实的"创业式学习"。这样还能使学习体验越来越个性化：灵活的时间，充足的内容，恰当的需求。

◆自我激励

随着对学习内容的灵活获取，同行者和专业人士会激发学习者学习的无限可能。

◆多样化

移动性带来了多样性。因为学习环境是不断变化的，所以会出现一系列的新思想、新挑战，使移动学习的应用方式不断被修改和重新思考。学习者是多种多样的，从多变的环境中收集并提供给学习者的数据，也是多种多样的。

◆管理

移动设备不仅可以支持管理，而且可以比人工做得更好。通过设计，这些技术更适用于学习者：存储文件，发布想法，连接每个学习者……管理变成了一个可以计算的过程，而不用再考虑人工的能力水平。

◆混合式学习

之前我们也提到过，移动学习环境是各种现实操作、个人沟通和在线学习的混合。

◆持之以恒

始终进行在线学习是需要自我激励的，更是一个自发、反复和迭代的学习过程。学习者在通过移动设备获取信息、形成认知反射和相互支持等方面，有持续的需求。这种需求也广泛存在于学习者相关活动的团体中。

在移动学习环境下，教学技术运动的领导者将和技术研发者一样不断前进，其原因在于教育与技术可以相互支持、共同发展。随着新创意、新功能不断出现，移动学习将爆发出巨大的潜力。所以，对于教育行业的从业者来说，如何理解、使用当下的移动技术是当务之急，关键要将眼光放长远。

当然，移动学习使用的移动设备都是最先进的设备，可以预料的是，几年之后的移动设备与技术必然与现在的设备与技术表现出明显的不同。对于移动学习类App的研发来说，以积极的态度接受进入市场的新技术是关键。

移动学习为学习者提供了一个独一无二的学习机会，赋予教学新的内涵，要想让这种内涵及移动学习的潜力转变为现实，学习者需要克服各种挑战。根据近年来的研究结果，移动学习要想获得成功，需要做好以下五点内容：

（1）将教学法置于技术之前，优先对待；

（2）将移动技术作为学习工具而不是学习内容；

（3）在发展和实时移动学习的过程中进行合作；

（4）构建强大的反馈环路；

（5）以积极、开放的态度对待移动技术的使用，不要患得患失。

从App研发到学生体验，是所有利益相关方的通力合作成就了移动学习。移动学习的研发者、教育者可以通过上述5个主题利用移动学习改进教育过程，不要仅将其视作一个附件或事后总结。因为移动学习的实施效果不会对教学结果产生任何影响，所以教师要采用协商方式，在原有教学的基础上引入移动设备开展移动学习。

移动学习的三种方式

目前，比较流行的移动学习方式有三种，包括微信学习、App移动学习和H5移动学习。

◆App移动学习平台

（1）优点

★个性化定制：App独立存在，高度自由，可扩展，不受第三方软件限制。

★视觉更好：App的UI界面是独立设计的，与产品VI相符，视觉效果极好，体验更友好。

★可离线学习：即便断开网络连接，用户也可以利用App学习。

★安全性与便捷性：App由团队开发，版本更迭速度快，功能、安全性、用户体验都能得到很好的保障。

（2）缺点

★开发成本高：App开发需要耗费较高的成本，需要不断更迭，而且要面临用户一开始兴趣极高，很快就失去兴趣的风险。

★手机系统要求：App对手机系统的要求较高。

★用户培养成本高：很多用户已经养成微信使用习惯，所以App培养用户的成本较高，困难较大，用户之间无法进行良好的互动。

★同质化：免费App制作软件层出不穷，意味着将有越来越多的同类App出现，App的生存空间被压缩。除此之外，App的营销推广成本较高，只有少数经济实力强悍的公司可以源源不断地投入资金进行推广（见图6-2）。

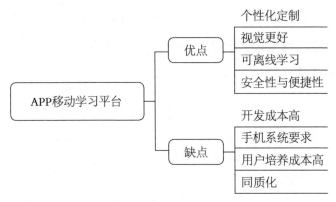

图6-2　App移动学习平台的优劣分析

总而言之，App更适合重度学习。App的功能多种多样，包括听、说、读、写、用等等，即便一个简单的功能也要注意很多细节，既要满足用户对学习方便性、便利性的追求，也要方便后台操作管理。所以，如果中大型企业需要开展全面培训及系统化的学习将对App提出更大的要求。

◆**微信移动学习平台**

（1）优点

功能逐渐完善：微信接口的开放程度越高，开发出来的功能就越多，并且这些功能将逐渐走向成熟。

便捷和低成本：相较于App来说，微信公众号更简单，开发成本更低，更加灵活，有天然的营销入口，推广成本更低。

接口开放功能：通过内嵌移动网站入口，微信可完美地融入HTML5+CSS3+JS技术。

（2）劣势

体验：用户体验较差，尤其是跳转到移动网站的行为不连贯，视觉感较差。

用户惰性：随着公众号及小程序大爆发，用户对单个公众号的依赖度不断下降，只关注账号不阅读内容的现象越来越普遍。

限制性强：深受微信影响，一旦微信的生态环境受损，微信公众号也会受到不良影响（见图6-3）。

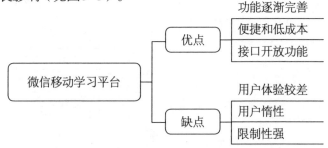

图6-3　微信移动学习平台的优劣分析

微信属于轻度学习平台，跨平台特性比较好，无需考虑手机系统，用户培养成本较低，时效性较强，容易传播，但也存在一些明显的问题，比如无法离线学习、安全性较差等等。再加上受微信提供接口的限制，无法对学习过程进行全面跟踪，用户对学习的个性化需求无法得到满足，管理后台具有一定的局限性。基于这些情况，很多企业都会选用"微信+App"的形式，根据培训需求及课程学习做出最佳选择。

◆H5

在微信与App之外还出现了另一种事物：H5。H5有四种运作方式，一是基于传感器，二是基于触摸屏，三是基于画面呈现，四是基于内容。这四种方式还可进行细分，在实际应用过程中可以仅使用某一种方式，也可以多种方式交叉使用。在这四种方式中，前三种方式是基础，第四种基于内容的运作方法主要是图文混排展示内容、答题类游戏等等，这些方式多多少少与前三种方式有关。

H5的兼容性比较好，用H5开发的应用可在各个平台应用，而且可以直接在网页上调试、修改，开发维护成本较低，开发周期较短。其不足之处在于，软件运行速度非常容易受到网络影响，应用性能较差，不太适合用来处理复杂的逻辑，而且H5不支持离线学习，极耗流量，不利于后期推广运营。

在体感H5中，陀螺仪和重力感得到了广泛应用，比如打篮球、举哑铃、打网球、控制风车转动、全景图或AR转换角度等等，打篮球、举哑铃、打网球等属于健康类H5活动创意。

上述三种移动学习方式在不同场景和需求中表现出了不同的价值。学习者在对自己的移动学习系统进行规划时，要对自己的学习需求进行充分考虑，根据实际需求选择最佳的移动学习方式。

移动教育支付闭环路径

从目前的统计数据来看，我国互联网教育用户主要聚集在移动端。现如今，我国移动教育应用的用户规模已突破4亿，在整个移动互联网用户中的渗透率超过了30%。也就是说，平均每3个人中就有1个移动教育类App用户。

根据用户需求，教育类App可划分为六种类型：早教类App、高等教育类App、语言学习类App、职业或技能培训类App、K-12、教育工具。据统计，每3个App中就有1个语言学习类App，每5个App中就有1个K-12类App。教育行业的互联已经形成，未来一段时间的任务就是构建线上支付闭环。

◆重培训，打造体验支付

在各种在线教育App中，教学类、培训类App最常见。教育注重入门，适合基础比较薄弱的人群；培训注重强化，适合有基础想进一步提升自己的人群。教学场景可以轻而易举地找到受众，培训场景可以轻松地打造案例。

优秀学员不仅在自己的小圈层中具有影响力，还能为培训机构带来目标客户群，甚至还能对培训机构品牌形象的塑造产生积极影响。互联网自带传播特性，这种典型案例尤其有效。正如前面所说，培训更类似锦上添花。那么，这类平台要如何提升自己的影响力，完成流量转化呢？

（1）体验机制：小额定金或免费试课

教育是一个双向选择的过程。线上教育平台与学员之间通过网络建立信任，使求学者的认知、筛选、匹配过程不断细化。学员从进入平台开始就在注册流程的引导下完成一系列选择，增进对平台的认知，匹配到自己的需求，最终完成一个逐渐深入的体验过程。

以51Talk为例，大号"外教1对1"字样使学员对该教育平台产生更直接的认知，橙色的"免费领取"按钮，用户可以一键获取课程。整个页面错落有致，布局精巧，一气呵成，没有一丝多余。

除了免费试课之外，支付小额定金预留课程位置也能实现有效转化。即便定金只收取几块钱，支付行为本身就能增强平台的存在感，增强学员对课程的体验意愿，刺激学员积极参与平台的教学活动，提升学员对平台的信任。

（2）饥饿营销：限量预售

限量发售口碑课程，开展饥饿营销，让预售行为实现自传播。如果课程本身已积累了一定的口碑，或在前期宣传中获得了大多数人的认可，那么预售课程不仅可以让课程带有品牌影响力，还能加快学员认知，一举两得。

（3）优惠券机制：打造口口相传的熟人效应

教育是一个高度信任型行业，熟人效应体现得非常明显，所以很多教育App都设置了完善的优惠券体系，引导用户下单，刺激用户主动向亲朋好友推荐，以获得更多新用户。一般来讲，希望获得优惠券的用户都曾在平台消费，对平台有一定的信任，希望进行二次消费。这些用户秉持这个目的邀请他人注册就显得顺理成章。而优惠券本身就能刺激用户进行二次消费，形成资金回流。

◆**重线上，规范线下流程**

传统教育行业往往会受到时空限制，越是个性化的需求对地域的依赖性就越强，家教、技能培训等课程更是如此。互联网教育打破了时空限制，让教育工作者找到了一种全新的授课方式。

为何要重视线上教育？对于数字化教育来说，只有提升用户黏性才有可能顺利变现。比如一个"线上预约，线下对接"的咨询平台，为了打破地域限制开通了"电话交流"业务，平台内容导向、专家质量都不错，也建立了完善的新用户激励与分享机制，但订单量却非常少。对于专家来说，平台不仅缺乏存在感，还缺乏工具型，久而久之，这些专家就会离开平台，甚至会卸载这款应用。

除了优质的教师资源外，平台价值还可通过氛围良好的线上社区体现出来。在教学相长的过程中，用户可为账户充值，为自己认为有价值的内容打赏，购买周边产品，满足自己的社交需求。

为什么要规范线下流程呢？互联网教育的根本功能还是教书和育人，一定会产生很多线下场景，线上建立起来的信任需要规范的线下流程延续。

其实，线上教育与线上支付有很多相似之处，线上支付的普及应用对线上教育的发展产生了积极的推动作用，通过构建多元化支付场景与渠道，形成线上支付闭环，全民化教育体验获取可以实现。

第二节　移动学习的平台化

企业移动学习平台

随着移动学习模式受到越来越多人的重视，用户需求带动了移动学习向着平台化方向的发展，其中面向企业的移动学习平台更是如雨后春笋般应运而生。目前市面上常见的企业移动学习平台的类型包括以下几种：

◆辅助培训型

目前，很多企业已经开展了混合式学习，通过不同学习方式的组合达到学习效果的最大化。辅助培训型移动学习平台，顾名思义就是融入企业现有培训体系中，使之成为混合式学习的手段之一。在移动学习的设计上，移动学习平台通常采用订阅、通用访问、客户端等不同的技术手段，保证移动学习内容的多样性和普及性，确保所有企业员工都可以通过移动学习终端获取学习内容。

◆非正式学习型

非正式学习型企业移动学习平台可以为企业员工提供非正式学习的方式和资源。面对互联网内容多、时效强、变化大的特点，常规培训模式已无法满足企业和员工的需求。培训落后于业务发展、培训效果转化率低、缺乏个性的培训方式、培训效果不明显等现象屡见不鲜。然而，其实每家企业都不缺少拥有丰富知识和经验的"达人"，问题是缺少有效手段沉淀这些碎片化的知识和经验，而非正式学习型移动学习平台正是通过非正式学习方式来满足企业的员工培训需求。

◆内容导向型

尽管绝大多数的学习内容都可以在移动终端上呈现，但培训管理者仍需要优先考虑哪些是最适合在移动终端呈现和传递的学习内容。除了内容短小、结构简单的课程外，还不能忽视智能移动终端独有的特性，如触屏技术、重力感应、地理坐标定位等，基于这些技术开发出的移动培训平台往往更具特色，更具内容导向性。

◆学习社区网络型

这种类型的特点是通过移动学习平台打造企业专属的社会化学习社区。网络技术改变学习的最高境界是真正实现让学习无处不在，这是移动学习的重要目标。企业可以通过此类移动学习平台搭建属于自己的培训社区，将员工、专家以及管理者连接起来，达到改善员工间的沟通协作方式、促进知识流动的目的。

综上所述，移动学习平台为企业培训带来了更加多种多样的方式，对于企业而言，最重要的是要结合自身实际情况，把握当前需求，为员工找到最佳的移动学习方式。企业移动学习平台有以下几个特点：

首先在技术层面，企业移动学习平台要融合社交平台、移动终端、实时互动、位置定位等应用。伊恩·肯尼迪曾经提出一个"立体互联网"技术模式。它将社交平台（如Facebook）、移动设备终端（如iPhone手机）、实时互动应用（如Twitter）、四维位置感知应用程序（如谷歌地图）等技术融合在一起。这种技术能够让学员拥有更真实、个性化和情境化的感知体验。基于"立体互联网"技术的学习方式，能够让学员使用实时仪表盘随时跟进个人学习进度，使用地理定位功能获取与专家面对面交流学习的机会，从而获得更全面的学习体验。而这一切都可以通过移动设备终端的传输功能来实现。

其次在内容层面，传统的培训内容都是由专业人士来生成的。但是，未来培训的趋势是"众包模式"或"学员自发产生内容"。就比如当下就有很多移动学习平台内容和应用程序都是由业余爱好者和非专业培训人士开发的。移动设备终端的特性，让学习内容得以快速生成，并能满足即时性培训的需求。

最后，在渠道层面，企业移动学习平台应当具有去中心化、自主化的特征。传统意义上的学习只能通过培训来完成，而知识的传递也只能通过系统课程来实现，而企业移动学习平台则在很大程度上改变了这一现象。移动设备终端能够提供即时互动的功能，有效提升学习效率。学员能够整合多种学习资源、利用多种学习渠道，进行自主化学习。为了适应这种学习趋势，企业应该思考如何把握社交平台、移动设备终端等渠道，抓住"去中心化"学习方式的特性，减少对单向培训的依赖性。简而言之就是企业移动学习平台应当以多样化的形式进行多渠道的学习内容传播。

移动学习平台的五度评估

我们可以看到，随着后疫情时代的来临，移动学习正在成为越来越多企业培训选择的方式。如果说前几年的移动学习平台仅仅是在可口可乐、中国移动、平安银行、华为等大型企业内被使用的话，那么如今越来越多的中小型企业正在加入移动学习的"大家庭"中。许多移动学习平台正在收到越来越多企业提交的试用申请。

那么，如何评估最适合自己企业的移动学习平台就变得非常重要。企业可以从以下五个维度来进行选择。

第一是产品功能维度。企业培训管理是一项系统工程，包含需求分析、培训规划、培训组织与实施、培训效果评估等多个环节。对企业来说会遇到太多难题，比如如何控制预算、如何有效开展需求调研、如何跟踪学习、如何评估效果、如何激发学员学习热情、如何推动线上线下结合、如何促进效果转化、如何提升绩效……

移动学习作为一种基于移动互联网的学习技术，是否能弥补传统培训的不足，是否能和传统的培训手段相互协同，共同推动学习效果的转化，是否能让培训更具有数字化思维？如社区互动、通知推送、在线调研、在线测验、互动问答、大数据运用、知识分享UGC、培训活动O2O等等，实现混合式学习，是否能够让学员的学习更高效、让培训管理更简单，是评估移动学习平台首先要考量的要素。

第二是内容资源维度。有研究表明，随着平板电脑和智能手机使用量的快速普及，移动学习App应用将在企业培训中发挥更大的作用，拥有海量内容的移动学习App平台将更受青睐。平台易建，内容难求，因此在选择移动学习平台时，必须要优先考虑内容问题，那些提前预设海量内容，或者提供课件制作工具的App更容易受到青睐。

第三是平台接入能力。过去的企业在线学习，更多的是引入基于PC端的在线学习系统，如考试系统、培训管理系统、测评系统等。随着移动互联网的普及，基于移动端的移动学习正在取代PC端的在线学习方式。那么企业已有的PC端在线学习系统是否就要荒废？其实不然，企业可以选择可以实现与在线学习系统对接的移动学习平台供应商，不仅实现了在线学习的多平台接入，还可以整合企业在线学习资源，实现多平台资源的高效联动。

第四是信息安全维度。企业级移动学习平台上拥有所有员工的个人信息和企业的所有知识产权课程，甚至部分商业机密，如果出现安全问题，必定会给企业带来不可估量的损失。因此，信息安全就成为企业在选择移动学习平台时必须首要考虑的因素。

第五是成本控制维度。购买一个企业级移动学习平台价格并不低，这使企业的初始成本压力就比较大，即使企业愿意出高价引入移动学习平台，但后期的系统维护，平台运营都需要专业团队的技术保障，维护成本不仅高昂，而且难度巨大。因此，在成本考量之下，企业可以选用租赁模式，这种模式不仅上线迅速、成本低廉，运营压力也接近于零。

独立建设完整的移动学习平台

如果企业不愿意从外部引入移动学习平台，那么自己创建也是可行的。

企业的移动学习平台需要实现以下功能：

（1）在员工需要的时刻提供业务支持；

（2）通过自适应性设计，让学习者在各种设备上都获得高质量的学习体验；

（3）提供操作性指南；

（4）将移动学习与面授培训结合起来，支持关键技能的培训；

（5）推送重要的公司通知、提示、讨论等；

（6）通过短小的视频片段，支持碎片化微学习；

（7）支持合规性和规范性需求；

（8）通过虚拟现实来增强学习体验；

（9）通过与学习管理系统的整合，使培训延伸到课堂（或办公室）之外。

根据上述功能需求，企业在搭建移动学习平台时要如何建设呢？

企业搭建移动学习平台可以按以下模块进行设计：

第一，企业文化功能模块。企业文化是强化企业凝聚力的重要手段，一般企业习惯以员工手册的形式让员工了解企业文化，到了移动互联网时代，这一方式当然不再适用。移动学习系统不仅是员工学习增值的窗口，而且还是了解公司信息的风向标，增强员工对系统的黏性，提高系统上线率与使用率。

第二，课程学习功能模块。移动学习平台的主要目的在于帮助员工学习，课程学习功能也是其最大的需求。学习是一系列复杂的活动过程，在学习者进行看、听、理解、记忆以及应用的过程中，需要有相当多的支持性活动以帮助其更快更好地学习。因此，学习系统必须要方便为其主要的学习活动提供支持，比如：

要方便学习者设定学习目标并提供目标进展的报告；

记录学习者的学习进度，以便其每次开展学习时都能够上一次的开始；

为学习者提供强化记忆的支持，如知识技能点的提示、练习与测试等；

为学习者提供自我评估的支持；

支持学习者学习成就的需要，为其展示积分、等级、排名等数据。

第三，考试辅导功能模块。考试是最常用的检验培训效果的方式，考试功能也是一个非常受重视的功能，在正式考试之前学习者还可以做练习卷进行自测。移动互联网的普及，打破了局限于固定时间、固定场所才能进行考试的传统场景。此外，与传统考试相比，移动学习平台上的考试还可以完成更多个性化和娱乐化的处理，如：考试结果及时反馈，考试数据自动生成每个学员的自适应错题库，强化学习效果；再如趣味化管理，让学习和考试在一系列的游戏中悄然无声地完成。

第四，线下支持功能模块。在移动学习兴起的时候，业内就流行着这样一个问题，"移动学习会取代传统培训吗？"经过近几年的实践证明，移动学习目前还是处在辅助线下培训的位置，短期内不可能颠覆线下培训。所以，平台能够支持线下培训也是一个重要功能。

第五，交互分享功能模块。交互分享是这个时代的特性，微博、微信、论坛的火热源于用户的爱分享，这个特性转移到移动学习平台上来也一样，让员工与员工之间实现线上无障碍交流。比如问答，当员工不明白一个问题该怎么解决时，向自己的同事求教绝对比百度答案更精准，毕竟每个公司的具体情况不一样，因此在移动学习平台上员工可以获取最专业的答案。此外，如果员工遇到非常好的课程，也可以像在微信上一样分享给自己的同事。

第六，激励功能模块。有些企业将移动学习平台的激活和学习时长、学习数目与绩效、升值挂钩，当然，这是一种看起来很有效的办法，但是很有可能不得人心。相比较而言，激励才是让学员保持学习动力的最佳方式，比如"积分商城"功能，学习者学完一门课程就获得该课程的学分，学分可兑换商城里的奖品。

综上所述，我们列举了一个完整的移动学习平台的大致功能板块，当然，对于企业而言，不一定要将这些功能全部覆盖，可以依据企业自身的实际情况来进行取舍。

第七章

数字化教育企业的
商业模型

第一节　五种商业模式

B2C：直面用户单向输出

数字化教育的大浪潮下，对于行业企业而言也将面临更多新的挑战。以往教育行业的商业模式在数字化的冲击下正在变得越来越远离市场。因此，找到符合数字化背景的商业模式就成为教育企业寻求发展的重要一环。

目前看来，符合数字化教育发展的商业模式有五种，最常见的就是B2C模式。B2C即Business to Customer，是商家直接面向用户销售产品和服务的商业模式。这种商业模式对于用户而言并不陌生，它在电子商务界早已被广泛应用。

目前市面上大多数数字化教育企业都属于B2C模式，比如VIPKID、51Talk等。随着后疫情时代的到来，B2C的授课场景形式也在不断地演变，从录播课程到直播和录播，从大班课到1对1和混合类，这种转变体现出企业对消费者心理变化与需求变化的判断。

B2C商业模式是在所有模式中已经被证明能够赚到钱的一种模式，B2C模式因为往往具有海量的用户数，具有数千万甚至上亿的市场容量，因此能够吸引大量投资投向这个领域。

B2C模式的教育企业，由于担任教育自营主体的角色，一般以相对垂直的教育领域为主要课程产品，如语言培训、职业培训、技能培训等。

为什么看似"古老"的B2C模式能够成为数字化教育行业的一大赚钱模式呢？

这是因为B2C模式恰当地吸收了教育企业的优势，比如品牌、教研、服务、分销等，同时它又能够解决传统教育企业解决不了的问题。其中最难解决的问题就是复制性，不是获得客户的复制，而是提供服务的复制。

举个简单的例子，如果企业在全国开500家店，那么这500家店卖星巴克和卖教育培训课程的难处是完全不一样的。星巴克是货物的传输，品质容易保证；而教育则是教师的传递，如果在500个城市开设培训学校，那么企业对教师的复制、对教学活动的管理都是很大的难题，而B2C恰恰解决了这个难题，把线下转为线上，既节约了成本，又实现了教学服务的复制与教学活动的管理。

另一方面，B2C模式还有一个好处就是能够极大地提升效率。传统的教育模式里是用人去复制课程，用人来提供服务，而数字化教育由于依托线上，无论是教师人数还是流程监控都可以做到很好地控制，这极大地提升了企业运营的效率。因此，可以说B2C这种商业模式既吸收了传统教育模式的优势，又吸收了数字化模式的优势，实现了集二者之长。

在线教育行业中，相比新东方、好未来等传统教育机构，尚德机构算是数字化转型最全面、也是最彻底的一家。尚德机构是中国的职业教育机构，成立于2003年。尚德机构的培训课程和服务范围，从职业资格认证、技能培训，到与职业相关的就业服务，业务覆盖全国多个城市，服务全国学员。尚德机构标准化的课程体系，是尚德机构职业培训的模板。

早在2008年，尚德机构就开始尝试教育模式的互联网化。2014年，尚德机构砍掉了线下业务（面授课程），全面转型为在线教学，不再接受任何线下教学课程订单。转型后其核心业务分两大模块：学历教育和职业教育，分别占比70%和30%。

尚德机构在转型过程中经历了无数次试错，尝试了题库、录播、直播、人机交互等方式，最终明确了在线直播的B2C方向，找到了适合的商业模式。尚德机构的转型非常彻底，包括整个企业的价值观转变、员工思维的互联网化、渠道的变革、教学体系的变革等等。

早在2011年，尚德机构就上线了嗨学网，尝试录播模式，但发现完成率不足10%，很少有学员能坚持下来。尚德机构起初认为是老师方面的问题，但请名师过来后仍然毫无起色。为此尚德机构专门去硅谷考察MOOC学院，发现国外的同类型机构也遇到完成率不高的问题，因此尚德机构判断问题出在了录播模式上，从而进行了彻底地调整，改为直播模式。

尚德机构要求直播必须要粉丝化，学员与老师、学员彼此之间的强互动至关重要，直播要满足学员部分情感化需求。随后的几年，尚德机构发现直播模式效果明显，进而全面地在企业业务版块里推行开来。

尚德机构认为，直播绝不是将线下内容直接搬到线上讲解，直播运营需要标准化，如何进行镜头切换、捕捉学生的兴趣点等等都是需要认真考量的关键。

尚德机构的B2C模式里的另一个尝试是题库。但由于大多数学员自制力不高，线上做题完成率也不高，于是尚德机构探索出了"题库与直播"结合的模式，通过直播随堂考试，使学员的活跃度大幅提升。

让我们再来看另一家教育企业51Talk的案例。

51Talk以B2C模式切入非应试语言培训市场，以在线青少儿英语教育为主体，采用真人外教一对一在线教学的学习模式，通过自主研发的真人在线互动教学软件——空中教室（Air Class，AC）平台，帮助学员提升英语能力。

针对1对1模式的师资问题，51Talk直接通过地域架构来解决，它从全世界筛选最具有性价比的外教资源——菲教，利用在线教育平台，对接菲律宾的廉价教育资源，在成本压缩后，将价格降低到原先的五分之一，迅速低价快速扩大市场份额。这种通过互联网打破地域限制的1对1模式，已经被证明是数字化教育模式中最成功的模式之一。

采用B2C模式的51Talk把自身打造成一个教师资源共享化、教学服务个性化、课程产品多样化、产品技术平台化的基于大数据技术的全民终身学习在线教育平台。51Talk认为要让每一个学员对英语学习达到"喜欢学、学得会、用得上"的效果，就必须是有一套完整的教育体系，而并非单单依靠好外教或者好课程，而是外教、课程、教室、体系、服务一体化。

C2C：连接供需的中间人

C2C（Consumer to Consumer）是用户自己把内容放到平台上去售卖的商业模式，是电子商务时代最早出现的模式之一。在教育行业C2C即平台模式，通过和教育机构合作请讲师团队入驻平台或者个人讲师也可入驻的形式，向用户提供直播或点播的教育服务。平台本身并不生产课程，它属于第三方为个人提供技术平台，为用户提供学习课程。我们可以把它看作教育行业的"淘宝模式"。

这种模式的本质是连接供需。一方面，在线教育的从业者通过平台进行内容售卖实现变现，另一方面，平台则收取相关的支持费用。这就类似于淘宝，一面将自己的流量或者用户转卖给视频或者直播的内容提供商，未来利用出售他们内容的分成来实现盈利；另一面因为内容或者提供商的吸引力，反哺平台，为平台吸引获取更多的用户和流量。

C2C模式的优势十分明显，它避开了沉重的服务和内容，只需要搭建平台，从中抽取一定费用。平台轻资产，不负责产品供应，作为中介人只要解决信息匹配问题就可以了。在整个环节中，很多功能都需要由供应商完成。

C2C模式下，平台的成本以固定成本为主，当搭建好平台，随着用户数增加，成本将逐步下降。当平台形成规模，达到垄断地位，那么议价权一定掌握在平台手里，实现利润增长就是一件水到渠成的事情。

荔枝微课是一家国内大众知识分享平台，专注知识分享，提升用户各项技能素养。

"微课"通俗的理解就是：讲师通过视频（包括录播和直播）、语音、文字、PPT课件等形式，将"微型"的课程讲述给听众，课程具有时间短（通常20～40分钟）、内容精炼（突出某个知识点）、资源容量小（便于移动端的传播）等特点，主攻知识分享。

在荔枝微课，每个人都可以开课分享，也可以听课学习。平台支持0门槛开课，支持微信公众号、App和电脑多种方式听课开课，拥有语音、图片、PPT、视频、音频等多种讲课模式。平台课程内容包含自我成长、情感关系、职场提升、投资理财、育儿教育等诸多方面。

O2O：线上线下联合暴击

O2O（Online To Offline），即"线上到线下"。最早采用这种模式的是团购，团购在线上获得了大量流量，并将流量引入线下，此后逐渐兴起了O2O的模式。

数字教育时代，线下的教育机构开始在线上开展网络教育授课，或者原本的线上教育企业开始发展线下教育，打通线下和线上平台。这种将线上和线下相结合的在线教育模式就是O2O模式。

目前，数字化教育的O2O模式在应用上分为四类，分别是从线上到线下（半环）、从线下到线上（半环）、从线上到线下再到线上（闭环）、从线下到线上再到线下（闭环）。

以从线上到线下（半环）模式为例，在学习场景上，与其他数字教育平台相比，O2O模式的特点主要是通过线上将用户和流量引导到线下，而把学习场景放在线下进行。之前我们介绍的B2C等模式其业务特色一般是放在线上进行教学。

在平台作用上更多的是将机构与教师的信息集中起来，然后分发给用户，能够在一定程度上提升用户的筛选效率和选择空间，并且为中小机构带来流量。这种O2O模式相对简单且理论收益高。

在这种模式下，抛开了常规的在线教育录播或直播视频的负担，无需开发相关配套产品。这种O2O模式更多的是将用户从线上进行引流，将其导流给自营业务或者是第三方的面授机构，只要掌握用户需求，吸引到用户，收费相对较为容易，而且符合大众传统的消费习惯。但此种O2O模式下对教育课程设置的要求较高。课程需要匹配用户需求，直击用户痛点，比如职业培训、教育培训，能够给用户带来实际的效益。

从教学效果上看，半环模式的O2O教学过程与纯粹的线上或线下学习无明显差别，学习方式只能是纯粹的教师辅导或在线观看视频或文本资源，这种方式不能有效地将线上的自主学习和线下的教师辅导、自我练习总结很好地结合起来。因此闭环的O2O在线教育模式很显然更具有一定的优越性。因为线上学习更加能够满足每个学习者不同的学习需求，更好地实现差异性教学和个性化教学，较好地体现出以学习者为中心的理念。所以，数字化教育机构的闭环O2O模式更适合数字化教育的发展理念。

在这种闭环模式中，学习者、学习资源和工具、线上平台、线下交流形成一个循环的、双向的系统，学习者在线学习平台由网络学习资源优化而成，并系统化地汇聚在在线平台。学习者进行线上学习，在线学习系统会根据学习者的学习效果进行反馈，并且通过线下的教师辅导、自我测评和完善对学习进行强化。

在O2O闭环模式中，"学习圈"成为其最常见的模式。在教育系统中，最为重要的三个角色是学生、教师、家长，以往的传统教育或在线教育只注重学生和教师的关系，家长只能作为旁观者，有时会代替学生做出错误的决定。而"学习圈"闭环模式将三者通过网络技术系统地聚合在一起，让家长参与学生的学习，形成一个完善的"学习圈"，使家长、教师、学生形成三位一体的学习管理体系。学生在线上学习，家长在线联系教师，线下教师进行问题解答和强化辅导，通过透明化的平台，打破传统培训结构里教师、家长之间的壁垒，提高了学习者的学习效率，改变了以往在线学习完成率低、付费率低的问题。

下面就让我们来看一个案例。

学大教育创立于2001年，专注于利用优质的教育资源和先进的信息技术，服务于中国教育服务领域，是国内个性化教育的先导者。学大教育总部设在北京，已在119个城市开设了648所个性化学习中心。

学大教育也是从线下机构转型到O2O教学的代表。学大教育发布的"e学大"在线教育平台，通过大数据分析精准诊断学生特点，利用丰富的师资与辅导经验，将线上和线下学习的优势相结合。在模式上，学大教育依托"e学大"，推的3~6人的"个性化小组课"，将具有共性问题的学生进行灵活分组、共同学习，既能保证个性化教育，又能实现精准的交互，化解了学习中共性化和个性化学习的矛盾。

个性化小组中的每一个学生享有专属于个人的一个教学团队、教学方案和服务团队，突破了传统教学的"一对一"模式，既实现了面对面的"一对一"教学中的高效和深入，也做到了在线"一对一"学习的方便快捷。从用户体验方面来看，个性化小组学习是一种结合了"一对一"学习和小组学习的混合式学习，根据每个学生的认知水平、兴趣爱好、需要锻炼的能力等开展线下3～6人的小组互动教学，形成一种个性化的教学，同时解决了学习者共同存在的问题。个性化小组课既包含了在线教育大数据的优势，又继承了线下教育因材施教的传统。

B2B：企企相连合作共赢

B2B（Business to Business）模式是指企业与企业建立的商业关系。比如给教育培训企业提供广告服务的模式，向企业、政府、团体提供在线教育服务，即在线企业大学、大客户培训等都属于B2B模式。这些B2B模式比较容易理解，在此就不再展开描述了。下面让我们来看一个不太一样的B2B模式的案例。

由于政府不断出台扶持残疾人就业的政策，残疾人就业培训是政府鼓励支持的行业，某商学院抓住了这个机会，开设了网上培训课程，课程主要是残联所属的全国3000多家就业服务机构购买，这些就业服务机构全是事业单位，由政府统一采购后进行就业创业知识培训，学员(残疾人)无需掏钱。经过培训后，合格的残疾人可以胜任企业的岗位，帮助企业减免残疾人就业保障金。

从目前的情况来看，数字化教育的B2B模式其服务对象相对固定，主要是在线教育企业或公司为企事业单位提供教育内容及服务，培训内容相对稳定，课程内容集中在职业技能、领导力培训等方面。

B2B2C：第三方支持混合双打

B2B2C模式是通过和线下教育机构合作，让个人老师入驻到平台的形式，向学习者提供课程资源的一种模式。

相较于B2C与C2C两种模式，B2B2C模式更像两者之间的综合。它连接教育内容供需双方，为教学过程各环节提供技术、功能和服务，是实现教育内容变现的第三方教育平台。这类平台一般不直接提供课程内容，而是更多承担教育的数字化载体角色，为教学过程各个环节提供全方位支持和服务。

B2B2C模式与B2C模式相比，它们的共同点都是以实现数字化教育和能力培训为导向目标，教学场景都是线上教学。其不同点在于作为开放性平台，B2B2C在线教育平台担任的是教育载体的角色，起到聚合多类垂直领域课程的作用；而B2C平台担任教育自营主体的角色，一般以相对垂直的教育领域为主要课程产品，如语言培训、职业培训、技能培训等。

B2B2C模式下，主要包括两类：一类是垂直于教育领域的数字化教育企业，它们拥有丰富的教育从业经验和教育资源；另一类则是跨行业进军数字化教育的流量型企业，这类"跨界"企业品牌知名度强，拥有大量低成本流量和庞大的用户群体。

作为开放式教育平台，B2B2C教育平台是连接教育供需双方的载体，不负责产出教育内容，而是通过专业的资质审核和课程监管机制，筛选优质网师入驻平台，聚合多垂直领域的知识资源与高质量课程；以视频课程为核心，多种教育形式相结合的重教育模式，满足以教育刚需用户为主的学生端在不同学习阶段的教育需求；在整个在线教育过程当中，平台为教育双方提供全方位的支持和服务，并在实现教学效果的基础上达到课程商业化的目标。

CCtalk是沪江旗下的实时互动教育平台，为独立的知识传授者、分享者，提供完善的在线教育工具和平台能力，为求知者提供知识内容和一起学习的社群环境。

区别于沪江自营的教育垂直课程平台，CCtalk属于综合性在线知识学习平台。平台本身不生产内容，由入驻平台的第三方教育机构或网师进行授课，授课内容涵盖知识、兴趣、社交、实用技能等更加多元化的内容。

工具上CCtalk拥有全面的工具配备，通过"直播+录播+互动"方式还原真实课堂教学场景，双向音视频、双向白板、课件播放、举手提问、桌面分享等教学工具保障了师生双方的充分沟通交流。另外，CCtalk还整合了沪江旗下的题库、听力、背词、词典等辅助学习工具。

内容上CCtalk涵盖了语言学习、职业教育、文化艺术、中小幼等多个细分领域的课程。

师资上，各领域知名机构和老师入驻平台。

CCtalk的优势首先是源于沪江创业十多年以来的教育积累，作为我国最早一批在线教育的开拓者，沪江对在线教育的理解非常深刻。其次是全面的工具配备，CCtalk专为教学研发提供了在线教育所需的双向音视频、双向白板、课件播放、举手提问、桌面分享等核心教学工具，真实还原线下课堂，同时CCtalk还提供一个可扩展的教学小工具开放平台，并整合了沪江旗下的听力、背单词、词典等辅助学习工具。第三是社群化学习环境的打造，极大地提高了学习效果和课程完成率。

作为服务于教学过程的数字化平台，B2B2C在线教育平台的技术要求均是以在线教育实现的效果为出发点，在支持常见PC端和移动端操作系统基础上，拥有良好的实时通信功能，保证线上教育过程中的直播即时性和视频声音画面效果；以服务教育过程为核心，提供友好的教育辅助工具和社交互动功能；支持内容变现，拥有便捷安全的课程交易付费系统；实现大数据采集，以及支持人工智能在平台教育中的结合应用。

第二节　成熟教育企业的数字化商业模型

真正赚钱的盈利模式

我们都知道，企业构建任何一种商业模式其最终的目的都是为了盈利，在结果已经锁定的前提下，如何实现盈利就成为一切商业模式运行的先决条件。那么，在数字化教育行业，能够让企业真正赚到钱的盈利模式又是什么呢？

即使同处于数字化教育行业，不同类型的企业经营重点不同，企业资源不同，因此盈利模式也就必然不同。总结起来包括以下几个方面。

首先是内容收费。这种盈利模式主要是对企业所提供的高质量数字原创内容（如课程和资料）收费。这是最普遍的一种盈利模式，也是目前众多数字化教育企业的盈利模式。这种模式是，拥有知识产权的教育企业和机构把网络作为高效便捷的分销渠道，吸引部分习惯于通过网络学习的用户群体，通过搭建自己的专属网站，依靠专业性极强、有独特价值的内容而向用户收费。

对于这种模式，需要特别注意的是收费内容的价格。以课程为例，有数据显示，价格区间在160～700元之间的课程，用户选择的最多。另外一个就是内容的质量问题。赚钱很重要，但是劣质的收费内容是对数字化教育企业最大的打击，只有优质的课程用户才会买单，才能给在线教育云平台带来好的口碑。因此，想要长久地依靠内容收费获得盈利，内容的质量就是重中之重。

第二是平台服务费。数字化教育的平台型企业很多，因此收取平台服务费就成为这种类型企业的一种盈利方式。这有点类似淘宝的第三方服务商模式，依托平台的流量资源，只提供平台，不生产内容。第三方服务商为教育行业的机构提供一个线上教育平台，内容由入驻的教育机构提供，平台按月、季度或按年收取软件服务费。

"短书"是专为教育和内容工作者提供SaaS技术服务的平台，在业务上深入在线教育的每个核心领域，旨在打造更好用、高效、专业的在线教育解决方案。

自2017年正式上线以来，短书的客户覆盖了10余个行业、30多个细分领域，包含传统K-12教育、STEAM素质教育、培训机构、知识KOL等多种客户群体。目前已有超过20万家教育机构和个人通过短书实现了在线教育、知识分享与传播，涵盖终端学员超过5000万人。

"短书"的收费根据类型的不同收费额度也不同，入驻方所享受的服务也不同。"短书"提供的服务矩阵包括知识付费、社群私域流量、在线教育培训、直播互动、助学工具、咨询问答、内容运营、店铺个性化、用户管理、营销推广、交易与统计、多渠道覆盖、运维与服务、定制服务……

第三种是佣金模式。这种模式是数字化教育平台商负责搭建平台，邀请教育机构入驻，允许教育机构在平台上提供课程和资料，而利润来源则是向进驻数字化教育平台的教育机构收取佣金。这种模式对于数字化教育平台而言不具有优势，但对于想扩大分销渠道和开拓网络用户的教育机构而言极具吸引力。这是因为一些教育资源创作机构与教育内容版权商在网络运营方面并不具备相关的资源优势和运作经验，通过入驻平台这种合作方式将网络分销渠道赋予特定的平台运营商。平台运营商负责代理其数字内容的在线服务，并针对视频点播、在线课堂等宽带服务向版权商收取一定的运营费用，这种模式能够实现双方的互利。

"YY教育"是2011年上线的专业互动网络教学平台。"YY教育"凭借互联网的技术优势，以丰富的展现形式实现了线上即时互动课堂，提供高音质语音视频服务。

"YY教育"平台聚集了国内外近800家知名教学机构和2万名著名讲师，已举行超过100000堂网络公开课，月活跃用户量超过600万。平台为学员提供便捷的学习途径，为讲师提供多元的教学工具，为培训机构提供实时的教学平台，为学习爱好者提供网络互动学习分享社区和全方位的专业教育服务。

"YY教育"网站提供平台型教育类电子商务服务，以课程市场为主体，展现英语学习交流、综合外语学习、计算机与软件、投资与网络营销、司法与公务员、艺术类培训指导、其他类培训教学、文学会所等类别丰富的课程。同时由教育机构、组织生产的频道和讲师也拥有个性的展现主页。频道展现主页能够清晰查看频道号、简介、本频道"即将开始"和"过往"的课程详情、讲师列表及用户评价等内容。这些都是由"YY教育"为频道提供，实现个性化展现及推广功能的服务。

"YY教育"的做法是教育机构或者老师入驻平台，收取一定的佣金费用，而机构老师讲课的收入归自己所有。"YY教育"在其中则是充当了"房东"的角色。

想要实现佣金盈利模式必须具备两个条件：一是有着足够的用户数量，这是基础，否则无法吸引教育内容的提供者；二是教育课程内容与教师水平要高。

第四种是增值服务。教育企业通过为学员提供考试服务、就业咨询等服务收取费用。这种盈利模式解决了教育过程中的师生互动、个性化问题，并且提供了区别于一般数字内容的增值服务，也很好地避免了版权问题，降低了被盗版的风险。

第五种是广告费用。顾名思义是在向网站、App、小程序上投放的广告收费。在线广告是比较普遍的盈利模式。从收费的方式来看，目前比较受欢迎的是按点击次数收费。几乎每一个数字化教育平台都会提供相关广告位，但是能够单独依靠广告来盈利的平台还只是少数具备品牌优势，能带来大量流量的平台。作为一种盈利模式，广告费用是针对App软件为主。

最后一种是风险投资。在商业社会，风险投资在企业发展过程里担任着很重要的角色。看看国内互联网企业的发展历程，我们就能够感受到风险投资的力量。

对于数字化教育企业而言，原始资本的来源要么是自己筹备，要么是自身平台反哺，要么就是风险投资。在这种大背景下，我们姑且就把获得风险投资看作一种企业的盈利模式也未尝不可。

集产品、技术、销售于一体的经营策略

教育行业发展到数字化的今天，企业商业模式的构建已经不单纯是从

某个方面入手了，它需要企业从产品、技术到销售的一体化发展去支撑。因此，对于企业而言，其经营策略就需要集产品、技术与销售为一体去进行设计。

下面就让我们来看"跟谁学"的案例。

跟谁学是B2C在线教育机构（2021年4月22日，跟谁学宣布更名为高途集团）。2014年创建，2015年宣布A轮融资5000万美元，刷新了中国创业公司A轮融资纪录。2015年底跟谁学获得福布斯发布的"福布斯2015中国成长最快科技公司"。2019年跟谁学在美国纽交所挂牌上市，是首家盈利的K-12在线教育公司在纽交所上市。截至2020年7月跟谁学市值超过了200亿美元。

让我们先来看看跟谁学的盈利模式。跟谁学目前的主营业务是服务C端学生的K-12课程，2019年其接近81%的营收来自ToC端的K-12教培课程服务。其他收入还包括外语、专业课程和兴趣课程。

纵观公司的发展，跟谁学的盈利模式发生过很大的转变。2017年跟谁学从"ToB"平台服务商转型C端在线教学辅导平台，发力直播大班课程业务。直到2018年ToC业务增长400%以上，C端业务开始盈利，ToC业务延续至今，成为跟谁学的核心业务。

在更早之前的2014年到2016年，跟谁学以"电商淘宝"模式做教育业务，成为一个"连接教师、教育机构与学生的服务平台"。期间，跟谁学平台曾引入"15万多老师、上万家机构"入驻，当时主要收入来自B端会员费。

一家商业公司每个经营环节是需要成本支撑的。对于跟谁学来说，它最主要的三类成本分布在：销售、教师薪酬、技术研发。事实上，这就是跟谁学集产品、技术、销售一体的经营策略模型投入力度的基本缩影。这些成本的支出，换来的是跟谁学近年不断上升的付费课程注册数。2017年跟谁学的课程付费注册数不到8万，而到了2019年这个数据增长至274万以上。2019年，89.5%的付费课程注册学生来自跟谁学的K-12课程。外语课程、专业课程和兴趣课程分别占跟谁学总收入的17.9%。

跟谁学的教学模式主要是"直播+大班+双师"。其中直播模式的优势在于学生上课的"场景共振"，就是同学们一起参与上课，这个过程学生完课率会比录制的视频课程提高。大班形式区别于1对1模式、小班形式，它使课程班级规模得以扩展。2018年和2019年，跟谁学K-12在线课程的平均注册人数从600人上升至1200人。课程平均注册数的增加使得跟谁学在教研、教师成本没有成比例增加的前提下，获得更大比例的营收增长能力。

为了支撑起大班模式，跟谁学采用了"双师制"，用辅助老师的角色弥补师生比低可能导致的学习效率低、缺乏个性化指导的问题。跟谁学每个班级配置的辅导老师，专门负责与学生互动，营造互动的学习环境。截至2019年末，跟谁学的授课教师与辅导老师数量分别为232和3736人。

跟谁学对教师的甄选则直接反映在其人才策略上，其目的在于准确地识别、有效地招聘和留住高质量的教师。跟谁学拥有一支经验丰富的招聘团队，在中国各地寻找合格的教师。通过各种在线求职网站吸引应聘者，并定期参加招聘会。未来的候选人必须通过严格的面试程序，包括简历筛选，现场面试和演示课程。

在产品设计层面，跟谁学拥有一个专注于教育内容开发的团队，人数超过200人，主要负责学习内容的开发。内容开发团队与教师合作，以确保课程和教育内容"以一种引人入胜和有效的方式"提供。虽然教师保留了对授课方式的控制和灵活性，但内容开发人员利用经验和数据分析，向教师推荐在线教学的最佳实践。以小学课程为例，跟谁学"开发了基于场景化的多媒体教学内容，包括视频和动画材料，在整个学习过程中激发孩子的学习兴趣和动力。"

除此之外，跟谁学还设计和开发了大量的内部课程材料，包括课程大纲、交互式课件、练习和课堂笔记。在新课程材料正式应用之前，草稿和伴随的练习通常要经过多轮的内部审查。

作为数字化教育重中之重的技术支撑，是数字化场景得以落地的保障。在线教育缺乏线下教育的"实时在场感"，以及现场学习氛围。线上教育需要通过技术，"弥补"甚至超过线下学习的体验，以获得更多潜在学生用户的选择。

在跟谁学的经营理念中，技术是跟谁学高度可扩展的商业模式的支柱。它指向两个指标：学生体验和操作效率。在实现上，跟谁学以直播系统、对技术的应用（大数据与AI）、内部自动化流程系统为核心。其技术团队人数超过600人。其技术研发方向包括直播技术、大数据和人工智能以及内部系统。

对应教学的直播形式，跟谁学的直播技术的发展一直是主要关注点。跟谁学专有的直播技术能使10万名学生同时参加一个直播课程成为可能，而不影响视频质量。

大数据的效用发挥在提高预测学生行为的准确性，优化定向营销和平台运营，并提供增强的学生体验方面。通过数据分析来预测课程预订频率、课程主题偏好和学习进度，从而提出适当的建议，并优化营销和教学操作。此外，跟谁学的内容开发团队和销售营销团队也大量利用数据分析能力。因为数据完全来自学生在与平台交互的每个阶段的行为，包括注册课程，参加的实时课程，提交完成的练习和回放录制的课程。

跟谁学在人工智能技术的使用上包括：个性化的课程推荐和自动答疑。其目标是提高教与学的效率。

跟谁学开发的业务和运营支持系统（BOSS系统）作为内部员工使用系统，在业务运作的每个主要方面为员工提供集成和自动化的服务。讲师、导师、销售人员、内容开发人员、运营团队和管理人员，基于BOSS系统支持部分自动化工作流程，比如安排课程、分析学生练习，跟踪学生出勤、课程完成和保留情况。

技术层面的其他支持还包括商业智能系统，它能够辅助企业调节目标与运营策略。

对于任何企业而言，销售营销都是最重的，在跟谁学的经营模式里，它也是重中之重。

营销层面，跟谁学通过各种在线和移动渠道推广课程，提高品牌知名度，常规的方式包括，在国内的社交媒体平台投放广告和营销。与此同时，还通过学生和K-12学生家长的口碑推荐产生销售线索。

跟谁学还制定了一个有效和系统的销售转换标准操作流程，目标是优化潜在学员与平台交互的有效性，从内容创建、内容分发、销售线索获取，到付费注册转换和保留。

在营销内容的传播方面，跟谁学有一个专门的团队负责制作内容，通常是关于亲子关系的专题文章和简短视频，书籍列表推荐等。跟谁学的推广计划一般是精心设计的课程，包括为期两到五天的一系列试听课程。

从跟谁学的经营策略里，我们看到了一个集产品、技术、销售于一体的整体经营策略，这正是跟谁学成功的关键之处，同时也是数字化教育行业企业标准的经营之道。

教育生态的成功模式

随着社会数字化的不断深入发展，教育行业的商业模式与经营方式也在发生着变化，除了前文谈到的商业模式外，构建教育生态这种方式也颇为引人注目。下面就让我们来看看昂立教育的案例。

据昂立教育官网介绍，公司为A股市场第一家以教育培训为主营业务的上市公司。截至2020年年末，公司拥有5300多位员工，超3000位教学教辅人员。2020年，经过不断优化整合，公司在上海和外地区域共建有210多个直营教学中心，全国1400多所合作学校。

昂立教育认为，随着社会数字化进程的不断加剧，教育行业面临着三个方面的巨变：其一是数字化带来了教育手段和形式的改变，它包括智能教学一体机、课堂答题器、点阵笔、课堂直录播、虚拟教师等；其二是数字化带来了新的学习方式和新的学习体验，比如VR/AR/MR学习、自适应测评、在线直录播、个性化推荐、陪伴机器人等；其三是数字化带来新的运营和管理模式，诸如新媒体引流、客群画像、人脸识别、课堂行为分析、机器人助教等。

针对这样的变化，昂立教育设计出"数字化教育生态"的商业模型。在这个商业模型里，昂立教育采用了以下几个关键词：数字化、全连接、重构与创新。

昂立教育把数字化解读为越来越多的教学内容和服务由机器感知、理解和处理。比如许多的课件都在线上化、数字化，所有老师的备课行为都可以在线上来完成，而不用在线下继续用教案等。包括在线的学习等，都是通过机器，通过系统来支撑。这样的形式，使企业所有的数据都会实时地进到系统当中，企业能够很清晰地掌握用户的学习行为习惯。

昂立教育对全连接的理解是人（学生、家长、老师）与物（校区、教室、教具等）广泛连接，随时在线。昂立教育认为线下的内容变成数字化之后，会形成一种数字化的资产。现在有越来越多的连接手段可以把它们连接起来。这种连接是人与人的连接，人员包括学生和学生之间、学生和老师之间、老师和家长之间、家长和学生之间，并且这种连接是实时的。

重构和创新则指的是业务场景、业务流程、业务模式的重构与创新。因为有了数字化、全连接，所有旧的做事方式都会被重构。这种重构主要是业务场景的变化。从前企业更多是线下的场景，而如今则要更多考虑线上场景以及线上与线下结合的场景。同样的，企业的业务流程也会重构，在业务流程上昂立教育更多考虑数字化在不同环境中如何去应用，从而会让流程更加高效。而想要实现这些就需要创新，使新的流程、新的业务模式、新的管理模式，不断地涌现，进而不断去改变固有做事的方式。

"昂立教育"就是在这种数字化理念的支撑下，开创出了符合自身的教育生态模型。

昂立教育把其业务核心设定为：课程研发周期、家长购买周期、学员学习周期与教学服务周期。企业所有的运营活动就是围绕这4个周期在进行运转。机构运营位于中间，它就像是齿轮把4个周期衔接起来。这里面包括了教学教研、校区选址、市场营销、销售转化、排课考勤、家校沟通等。而数字化的应用则渗透入每个环节里。

在这个数字化生态里，最重要的数据是通过运营、规范化的流程得到的。这些数据包括：课程数据（它又包括所有研发出来的课程、课件、课程定价、课程资料等，包括结构化、非结构化的数据）；学员数据；家长数据（它又包括家长的购买数据、家校沟通、教师评价、机构评价等数据）；师资数据；课时数据……

那么流程的设计又是怎样的呢？

在整个生态体系里存在着很多流程，比如招生，昂立教育的招生流程是先做引流吸粉，接着做跟踪转化，转化完成后就会有选课，然后是报名支付，然后排课、上课点名，最后是运营分析。

数字化的应用贯穿整个流程。在引流吸粉上，昂立教育更多地运用线上营销方式取代传统线下的在学校门口发传单的行为，借用线上的流量来实现引流。

在跟踪转化上，通过企业微信推出的企业微信群，用社交化的方式让课程顾问能够第一时间联系到客户，而不一定非要去加好友。跟踪转化里还可以运用测评工具，比如学员们到了校区里面，可以直接通过PAD在线上做入学测试，完成之后，所有产生出来的测评数据会为学员形成标签，然后把学员的能力、知识点掌握情况跟课程进行匹配，从而自动产生出课程的推荐。

在选课上，以往选课都是很多家长到校区来咨询之后再去报名，如今却可以在线上完成，家长根据课程介绍和孩子的测评结果，就可以完成线上报名与交费。线上完成的好处在于一方面所有的家长咨询问题都可以在线上留下记录和另一方面家长不用到校区来，节省了时间，也提升了效率。

报名支付也有很多方式。昂立教育通过使用智能的POS机，既可以刷银行卡，也可以直接微信和支付宝扫码支付，同时跟后台的银行流水进行打通，这样保证了每一笔支付跟财务的每笔账都能够一一对应，以此提升内部收银的效率。

在教务排课上则通过分层化教学，智能化分班，保证至少在同水平上的孩子能够在班上保持相同的学习进度。

上课点名直接采用手环进校区，自动点名、自动考勤的方式。未来还可能采用人脸识别的方式，来进行自动化考勤。这样数据能够实时进入系统，能够产生整个运营分析的数据。有了这些数据，又会去为引流吸粉、转化等每个环节再去提供优化的建议。

由此可以看到，实现流程的数字化，让每个流程都可以在线上进行管理是昂立教育数字化生态模式的第一个优势。而第二个优势则是在抓取了各个环节的数据，尤其是学员数据、家长数据以及教学数据后，可以去不断优化流程里的各个环节，比如教学环节、报名环节等。

目前昂立教育在数字化教育的生态里面已经落地的举措包括以下几个方面：

首先是数字化的智慧选址。以往昂立教育在选址的时候，更多凭经验，觉得哪个地段不错、人流量大就选哪个地段。而如今昂立教育在选址时结合外部地图的大数据平台，把选址经常会考虑的参数，如人群特征、人流量、周边的学区覆盖、小区平均消费水平等数据定位参数，然后做权重，做出模型，再结合昂立教育自己内部的数据和外部的大数据，作出智慧选址平台。在平台上，可以选择任意区域画圆圈，选择公里范围，就可以得出在范围之内选址的评分，得分越高，地段优先权重越高。

其次，在整个教研、教务加教学上，昂立教育做了整合与打通。昂立教育的打通不仅仅是数据的打通，更多是在整个流程上面的打通。昂立结合校管家、北极星、伯索云学堂，打通了整个招生、教务、排课、考勤、教学、作业以及课后辅导和家校评价各个环节。也就是招生之后，在校管家会形成班级。有了班级后，老师可以针对班级进行备课、上课、教学，教学整个环节完成后，还可以针对班级来进行课后的辅导。

这就是以班级为中心的闭环，以及数据整合的闭环，同时这也是数字化教育生态的体现。像校管家这样的教培行业信息化伙伴，在行业内有许多家，都各有所长，在某个点上面做得非常的深入，将数字化运用到了极致，但这只是在某个细分的领域。对昂立教育来讲，需要打通这些细分领域，从而把这些具备所长的细分领域"精英"整合起来，真正为教学、教研及教务赋能。

第三是数字化师训。昂立教育的师训是采取一种小程序化的方式，首先服务于当地的各个加盟校的合作伙伴。因为对于加盟校来说，师资是最头疼的问题。课程输出了，但是怎么解决老师远程培训的问题是一个难点。昂立教育通过师训的小程序，应用社交化的方式，把所有师训的内容放在小程序里，采取引导式和监督式的方式，开设了很多期师训营，取得了不错的效果。

第四是绘制经营数字化图谱。昂立教育非常关注经营的状况，而进行经营决策必须取决于各个环节的数据，按照经营分析的模型呈现出来，为决策提供依据。为此，昂立教育设计了一个经营管理驾驶舱，把各个环节的数据采集上来，让不同层级去关注，从集团核心的经营管理层到事业部的管理层，再到校区层面，逐层下沉，进行分层管理。每个管理层级的人，看到的核心指标是不一样的，指标具有明确的层级关系。

第五是在线商城。昂立教育的在线商城是为加盟校合作伙伴提供服务。昂立把所有的课程产品、所有的教材，用类似电商化的方式放在平台上。而合作伙伴必须要先成为合格的投资人，成为加盟校的伙伴，才有权限进入商城。商城还引入了积分、预充值等方式，合作伙伴可以在商城为学校购买教材。除此之外。昂立教育还引入了第三方商品，比如教学教具终端设备等。昂立教育构建在线商城的目的是通过技术手段加强自身与合作伙伴的直接连接，从前这种连接都是通过邮件、电话的方式，而现在所有的交易都在线上完成，连接已经成为实时连接。

第六是数字化校区。昂立投入了大量精力放在数字化校区层面，数字化校区更多的是把新的科技设备、终端引入到线下的教室以及校区的前台当中，具体包括：

智能教学一体机。昂立教育基本上在每个教室中都安放了智能教学一体机，所有的教学活动、课件、课堂互动问答环节，都是通过教学一体机来完成。

数字化互动屏。昂立教育还会在校区前台安放数字化的互动屏，展示校区的信息，比如校区介绍、校区当日的活动、名师介绍等。家长在休息区里一眼就能看得到。同时，每块互动屏在后台都是可以集中监控，家长与平台的互动，都会有数据记录。比如互动屏上投放了拼客活动，活动有二维码，只要家长通过平台扫了二维码，昂立教育就能够知道是哪个家长在哪个校区参与了哪个活动。这是一种非常实时化的方式，能够让昂立教育实时掌握营销活动的效果与潜在客户的数量。

校区监控。昂立教育还在教室里引入了监控系统，主要作用于课堂的行为分析，又被称之为无岗考勤，节省了教务的管理工作量，提升了管理效率。

数字化课程。以昂立少儿事业部的英语课程WT1课程为例。昂立在课程里引入AR入学测评。这种测评的形式不是做一套卷子，而是让孩子在PAD上通过AR自适应的测评形式，在游戏中轻松地进行入学测评。评测后会出一个报告，通过报告，昂立教育会给家长建议，孩子适合哪个阶段的哪个课程。另一方面，昂立教育还在课程里引入了VR教学的模式。在一堂课结束之前，老师会留出15分钟，让孩子带上VR设备，在虚拟情景中以一种沉浸式的方式去探索一个区域，比如会出现一个动物园场景，看到了狮子，系统会有提示，请你用英文说出它是什么。课程结束之后，会生成一个学习力报告。用AI技术根据学员的发音、回答的问题等为学员诊断，哪些发音是需要去提高的，还有哪些语法、句式要去练习。

昂立教育通过构建数字化教育生态引入了创新的商业模式，围绕着数字化教育在整个经营流程中的应用，为不同的环节赋能。同时，昂立教育通过构建生态圈结合了包括校管家、北极星、伯索云学堂等多家教育细分领域合作伙伴的力量，把优化后的产品以系统化的方式输出给整个行业。

昂立的业务分布覆盖全国，有将近1000家加盟校的合作伙伴，目前，昂立教育每年大概有20家优秀的加盟校会逐渐成为昂立的分公司，产生深度的合作。昂立教育所进行的所有数字化教育探索成果，都可以面向合作伙伴输出，从而使合作伙伴获利，进而促使生态圈生生不息。

第八章

数字化教育企业
如何营销？

第一节　招生有问题，一切都有问题
——营销模式定成败

来自行业营销的相关数据

我们都知道，企业商业模式的变化会引起一系列连锁反应，其中最典型的就是营销模式也将发生改变。对于教育行业特别是教培行业的企业而言，营销又是重中之重。本章就让我们来看看数字化背景下，教育行业企业如何营销。

在教培行业流行一句话：招生有问题，一切都有问题；招生不是问题，一切都不是大问题。对于行业企业而言，招生无疑是决定营收的关键。

众所周知，教育行业当下正处于增长高峰期，中国教育市场规模已超万亿，K-12课外辅导也拥有近 5000 亿规模的庞大市场。但是，庞大的用户需求并不意味着企业盈利的增长。随着互联网红利结束，很多教育企业陷入线上流量贵、获客成本高、用户数量增长接近天花板的困境；另一方面，数字化时代的到来使用户的学习需求和习惯发生了改变。因此获客就成为教育行业营销的一大难题。

企业想要在营销上取得突破就要首先了解行业里与营销效果息息相关的一组数据。

◆ 数据一: "熟人推荐"占比

近两年的统计数据表明: 在用户信任的广告信息渠道中, 熟人推荐位居第一, 占比56.2%。但是, 在最终决策时, "有熟人推荐"的占比仅为18.7%, 熟人推荐只是用户获取培训信息的一个可靠渠道, 并不是让他们最终决定付费的关键因素。

用户最信任的是从"别人"那里获取的广告信息, 熟人推荐最好, 网络社交工具和社区论坛等网络社交渠道也会认真考虑。教育是非常注重体验的生意, 所以有过切身体会的身边人的意见会很被重视。三线及以下城市更依赖社交渠道, 居民彼此之间相识的概率越高, 人情和关系在社会运转中的作用大, 客户对社交渠道的依赖性也越强。

◆ 数据二: 用户决策性别

近两年的统计数据表明: 在教育消费决策群体中, 妈妈占比60.4%, 爸爸占比22.28%。不同阶段会出现变化, 关注孩子早教的用户中女性占比58.5%, 妈妈掌握着孩子早教的话语权; 而小初高教育阶段, 父亲的参与度增加并成为教育消费的决策者。

◆ 数据三: 用户关注方向差异

教育行业的决策群体、付费群体和消费群体是不一致的, 比如一个家庭里妈妈决策、爸爸付费、孩子消费。孩子与家长在选择教育培训机构时的动因明显不同, 家长多为以提高成绩为目的性导向; 孩子在选择时, 58%因为对课程感兴趣, 50%为提高学习成绩, 10%因为同学参加了同样的课程。

不同年龄段的家长需求偏重也会不同。根据调研数据, 对孩子道德品质的塑造和生活习惯的培养是各年龄段家长共同看重的。"90后"家长因为孩子尚小对学习成绩等方面关注度不高，"80后"家长对孩子沟通表达能力的培养显著高于其他年龄段父母，"70后"家长对孩子学习成绩和动手操作能力重视度最相近，"60后"家长因孩子多处于升学期最为关注学习成绩。

◆数据四：营销转化因

调查表明，家长愿意向教育机构报名付费的前三大原因分别是：培训有效占比47.0%、培训老师好占比32.9%、孩子喜欢占比31.4%；家长不愿意报名付费的前三大原因分别是：不喜欢贸然推荐占比70.5%、不愿意帮销售人员做业绩占比20.5%、推荐成功也没好处占比13.6%。

◆数据五：百度搜索数据

近两年的统计数据表明：在百度搜索早教内容时，品牌仅占搜索内容的25%；另外75%的内容中，还包括产品、年龄&行业词、加盟、投资等。

◆数据六：微信公众号数据

近两年的统计数据表明：在阅读微信公众号资讯时，7～18岁孩子的家长，36.4%会关注教育政策改变，36.3%会注重考试知识分享，35.1%会关注升学择校类信息。与7～18岁孩子的家长不同，0～6岁孩子的家长最希望从微信公众号账号获取的是育儿和家庭教育的相关知识。

◆数据七：教育类别数据

近两年的统计数据表明：教育市场中小初高教育占比32%，职业教育和语言培训分别占比26%、22%。年龄分布上，35～44岁群体是关注教育的主流人群。

◆数据八：课外教辅参与数据

近两年的统计数据表明：在孩子处于学前期的时候，就有87.5%的用户正在让孩子参加课外辅导；小学家长目前正在让孩子参加课外辅导的比例达90.9%；初高中家长的这一比例是86.1%。而目前没有让孩子参与课外辅导的用户，在学前家长和初高中家长中仅占7.5%，在小学家长中更少，仅占3.7%。

◆数据九：互联网地域数据

比如，有统计显示，近60%互联网学习者位于三四线城市及农村地区。在线教育行业市场由一线城市向三四线城市扩展，移动端应用加速普及。

◆数据十：在线学习方式

近两年的统计数据表明：在线学习时，会有80.6%的用户选择直播+录播的方式进行学习，远高于仅直播或仅录播的学习方式。与传统线下培训相比，用户认为不受地域限制、足不出户即可学习以及可以随时回看，加深对知识点的理解是直播互动方式最明显的优点，占比为49%。虽然选择PC端学习的用户占比很高，但随着移动智能设备的普及，移动网络的成熟，用户明显正在向移动端转移。

◆数据十一：用户系统

近两年的统计数据表明：有超过30%的用户开始使用CRM系统。这表明随着在线教育的发展把一些线下的教育、认证、培训项目转为线上运营，需要一套整合了线上线下开发用户的系统.

◆数据十二：营销自动化

统计数据表明：教育行业使用营销自动化，36%会减少重复工作，30%能够更清晰目标用户和营销目标，10%能提高用户体验。同时，在全渠道获客和线索管理方面，获益增长最快。

综上所述，对教育行业里一切至关重要的数据的了解，能够有效帮助企业有针对性地设计营销方式，提升营销效果。

新的增长点：数字化营销

前文我们已经谈到，整个教育市场从营销角度看，线上搜索引擎投放广告，用户数量增长已接近天花板，线上竞争一片惨烈，流量贵、获客成本高已成常态化；线下的营销手段，比如传统的地推、发传单，人力成本高，效率低，辐射范围太小。企业都在使出浑身解数讨好消费者，消费者的期望节节高升。很显然传统的营销方式已经不能满足教育行业企业的需要。

既然教育行业已经迈入数字化时代，那么固有的营销方式一定需要改变，新的营销方式将会逐渐取代传统营销方式，我们可以称之为教育行业的数字化营销。

百海教育于2003年创办，其业务涵盖华南地区综合性大型培训机构的大专本科、会计培训、教师资格证、中考高考、技能考证、青少儿培训六大领域。

数字化时代，百海教育一直在探索教育行业的数字化营销方式。

首先是智能名片。百海教育深知客户只想找"对"的机构，当他们每天被海量广告轮番刺激，很难再引起兴趣。这时候，通过一套整合企业课程、动态、官网的企业级智能名片系统来获得客户的信任和兴趣至关重要。为此，百海教育使用数字化营销系统为每位员工配备了一款App，其智能名片系统不仅有个人的基本信息和联系方式等信息，还涵盖了企业课程、动态、官网，完美地塑造了个人和企业专业的品牌形象。

其次是智能传播系统。传统的跟进方式，对客户的意向度把控不准，不断联系客户，既浪费了时间精力，又效率低下。为了解决这个问题，百海教育搭建了企业标准化的智能传播系统，完成销售日常跟进和推广。其中企业文库、海报、带货短视频系统将公司里的每个员工与客户连接起来，使推广变成每个人都能做的事。智能传播系统能够实时传递商机，同时反馈客户数据，比如客户在主页查看了什么信息、在哪款课程上停留的时间最长、最感兴趣的课程是什么等信息都能实时推送给企业。这时候，企业就会第一时间将课程以带有小程序码的海报链接发给客户，与客户进行有效沟通。这样不仅帮助企业把时间和精力放在高意向客户身上，从而提高销售效率，还切实帮助企业掌握客户诉求，及时调整招生方向和课程政策。

百海教育还会使用加推带货短视频系统，制作学生上课、活动比赛、毕业典礼等视频，提升学生报考信心，高效传递师资力量，赢得客户信任。所有的推广内容都可以随时关联商品和表单，客户，在浏览过程中就可以下单报名。

再次是智能文件夹、智能宣传册。企业发展到一定程度，文件的组织管理工作就会变得繁琐无比。很多时候，由于工作的随意性很强，或者每个人都有各自的工作习惯，因而使文件命名、存放混乱，增加了寻找难度。百海教育做到了实时同步企业最新资料，将日常的海报、报名表、文件政策等所有的文件都统一收录、分类，员工选取方便，只需要一个管理员统一整理。

智能宣传册只需要在传单上印上二维码，引导客户扫码就能查阅所有的课程信息。每次扫码获得的线索锁定都会成为企业的资产，自动保存到智能CRM里。当百海教育举办活动的时候，会通过App向客户发送消息，消息以"微信服务通知"的形式精准传达，有效提升了转化率。

对于到店报名的客户，百海教育也探索出数字化营销方法。有学生咨询报名流程的时候，老师都会给客户分享表单报名入口，引导客户填写信息在线报名，学生点击进入到完成报名后，老师的App就会有提示，比以往让学生到店报名的效率大大提升。

百海教育还认为数字化营销不仅仅是品牌部市场部的事情，HR、行政、销售、产品各自为政的时代已经过去了，全员营销成为企业降本增效的重要举措。百海教育有专门负责信息推送的部门，当推送任务发出之后，老师们就会得到通知，这时只需要接收任务，一键就可以转发到个人的微信群与朋友圈里，系统会随时统计每个人的任务完成情况，新增线索、成交订单数量等数据一目了然。

既然称之为数字化营销，那么就一定具有数字化特征。从上述案例里，我们能够感受到数字化营销与传统营销的巨大区别，其具体的营销方法我们会在后文详细说明。但无疑，数字化营销方式的出现成为教育行业新的营销增长点，带给教育行业未来发展更多的可能性。

数字化时代更需要品牌

有统计数据表明，如今，中国人每天的时间里，有八小时都花在手机、PC电脑、ipad和电视上。其中，手机和PC电脑大约各占3个小时，这组数据说明了中国的数字化水平高于全球平均水平。数字化的今天，网络媒体的普及打破了少数付费媒体的垄断，大量免费媒体的影响力丝毫不亚于传统媒体。因此，数字化时代教育行业的企业营销也要随之进行变革，传统的营销模式正在被解构。要知道，如今的信息传播链条是从自媒体出发，到免费媒体，再匹配适量的付费媒体来进一步扩大范围和提升影响力。

除此之外，对于企业品牌而言，打造方式也发生了根本性的变化，并不是数字化时代品牌被弱化，相反，数字化时代更需要品牌，因为在媒体被解构、信息爆炸、消费者时代来临的背景下，企业无法知晓未来谁会是潜在用户，因此更需要建立强大的品牌来吸引未来的潜在用户。很多教育行业的企业都会重视开发市场的环节，比如搜索、促销等，而忽略了品牌打造的价值。品牌个性建立之后，会收获价格溢价，带来社交网络粉丝的大量增加，最终带来消费额和市场占有率的提升。只不过数字化时代从前依托垄断媒体采用轰炸式的单向品牌传播方式已经不再奏效，企业的品牌塑造需要与用户产生更紧密的连接、互动与交流才能够深入人心。

好未来的前身即学而思，2013年8月正式更名为好未来。"科技范，有情怀，有意思"是好未来为自己品牌在社交媒体上与用户进行沟通时设计的形象，即把品牌人格化，打造一个用科技改变教育，拥有做教育的情怀，有趣又有活力的品牌形象。很显然，好未来希望品牌传递给用户的信息是：好未来打造的是有科技含量、能够让学习更高效、有美好的体验，以及有趣、有效、好玩的"未来"式教育。

为了实现品牌的推广，好未来把品牌营销设定为三个阶段：

第一阶段是口碑。好未来的口碑是从学而思阶段做"培优"发展起来的。产品过硬、定位精准是产生口碑的秘诀；第二阶段是口碑+社区。好未来集团下的十个网站（中考网、高考网、奥数网等），从e度到家长帮，汇集各种资讯的同时形成社区；第三阶段是整合营销与不同受众的多渠道沟通。

在面对受众的时候，好未来首先要求员工梳理企业的使命、愿景、价值观和文化内涵，使企业文化在整个团队中形成认同感，建设员工的亲密度。然后是与客户的沟通，把企业的使命和愿景落实到业务和产品中去。通过产品、服务和与客户的连接，提升客户亲密度。这样的做法使好未来的产品在很多区域的二次购买率达到了95%以上。在做好员工和客户的沟通之后，就是行业层面的亲密度建设。比如通过对教育CEO训练营等行业项目的投资，把项目打造成为教育与数字化网络结合的行业平台产品；再比如搭建教育公益联盟，联合教育行业内外一起通过公益的方式促进教育行业的公平与创新。这些做法都为好未来的品牌在业内的地位打下了良好的基础。

在营销渠道上，好未来深知数字化时代营销的思路和方式都会发生巨变，比如很多品牌推广渠道都是从自媒体出发，微信、微博还有任何与客户产生联系的环节，都会成为沟通的渠道。为此好未来设立了三个订阅号（还可以再拆分成不同学科和年级）用来扩大信息发送的渠道，再引流到共同的一个服务号。这些自媒体，就成了最主要且相当有效的沟通渠道。同时在做好自有媒体后，同样可以激发一些免费媒体通过转载的方式来扩大品牌影响力。

好未来认为，以内容和活动促成品牌推广在这个注意力稀缺的时代，文字内容很难有很大吸引力，而有趣、参与感强的活动则可以更好地传达品牌的理念，起到更好的品牌传播效果。为此，好未来就在设计品牌相关活动方面投入了更多精力。比如好未来开展的"高考无所畏"主题活动，除了在情感上与用户寻找共鸣，也通过音乐、视频、游戏等多种方式与用户互动。如飞机场上的毕业典礼《飞吧，少年》系列活动给学员留下了有趣的互动经历，传播"为了孩子的未来"的理念，更通过活动塑造了口碑，扩大了品牌的影响力。除此之外，好未来还设计了与歌手邵夷贝合作发布主题曲、和去哪儿网合作推出高考特价房等活动，归根结底都是借助活动来宣传好未来的理念，推广品牌。

从该案例中我们能够总结出数字化时代教育行业企业品牌塑造的几个关键点，它们包括：通过口碑、体验等方式的传播建立品牌联想；通过塑造品牌个性建立品牌的差异化；利用市场促进因素发出品牌声音，最终实现用户的购买行为。把这些关键点串联起来就成为数字化时代教育行业企业品牌打造的主链条。

第二节　数字化营销法

作为全球规模最大的教育市场之一，据2020年5月国家教育部发布的《2019年全国教育事业发展统计公报》显示，未来5到10年，中国教育培训市场潜在规模将超过4万亿～5万亿元。2019年教育行业股权投融资数量达到300起以上，位列全行业第4；融资金额约199亿人民币，位列全行业第12。资本的涌入和新商业模式的诞生重塑了行业竞争格局，孵化出一大批教育机构，导致教育市场竞争非常激烈。如何在激烈的市场竞争里分一杯羹？营销就成为企业竞争获胜的关键。然而，传统的营销方式已经不再适合用户的口味，数字化时代赋予了企业营销新的特征，那就是必须融入数字化背景。

搜索营销

说到搜索营销，其实也算是传统的营销方式，毕竟存在多年，其模式非常成熟。然而，由于它本身具有网络背景，在数字化时代其仍然是教育企业营销方式的一种重要选择，只不过在用户行为全面数字化的背景下，搜索营销的内涵将更加丰富。

搜索引擎营销就是基于搜索引擎平台的营销方式，利用用户对搜索引擎的依赖和使用习惯，在用户检索信息的时候将信息传递给目标用户。搜索引擎营销在用户搜索产品和服务中始终扮演重要角色。将相关的内容呈现给用户以及理解用户购买流程对企业而言正是关键之处。聚焦于搜索引擎中的内容始终是搜索营销里最重要的一步，因为，搜索引擎的逻辑不会改变，即会将营销内容按照相关性将搜索结果依次排列。

采用搜索引擎营销需要注意的最重要的一点在于尽可能精确，使产品和品牌在用户面前展示，以增强品牌影响力、提升用户转化率。搜索是用户的主动行为，但搜索引擎营销是一种提前干预搜索结果的方式。由于其准确性和易接近客户，即使在当下它仍然是企业采用的主要营销手段之一。

然而，如今用户如何搜索信息，已经在内容丰富度和方式上发生了巨大的改变。这就使传统的搜索营销方式也必须做出改变才行。搜索引擎营销可以实现较高程度的定位，但是搜索引擎传递的信息只发挥向导作用，因此在数字化背景下，搜索引擎营销需要适应网络服务环境的发展变化。

最为显著的变化就是新搜索生态的诞生。搜索生态已经由综合搜索引擎的单一化搜索，转变为大搜索生态，新搜索生态包含综合搜索引擎、App搜索、电商搜索等。其中，移动电商搜索用户规模已经高达9.35亿；而App搜索则主要通过搜索框来实现，85%的用户通过搜索框来搜索应用。以微信为例，微信搜索自2014年推出后不断更新至今，已经覆盖了几乎整个内容生态领域。微信搜一搜，可以搜到朋友圈、资讯、小说、音乐和表情，是微信最大最全的搜索入口。针对微信搜索引擎优化（SEO），可以帮助提升粉丝量、覆盖人群，在微信搜索中充分展露。而企业针对应用商店优化（ASO）、安卓移动应用市场的搜索营销推广，可以提升App检索词排名位置，从而精准定位消费人群，提升企业App的用户下载量。

这些都是数字化时代带来的改变，是从前的综合搜索引擎无法完全实现的新的搜索领域。新的搜索生态下，移动端搜索用户最常用的搜索渠道依然是浏览器，搜索引擎类App排名第二，购物类App排名第三。综合搜索广告也在发生改变，搜索广告正在向大搜索生态的电商搜索等其他搜索形式过渡。新搜索生态的出现，使以往以"面"为主的二维搜索变成了以"体"为主的三维搜索，这恰恰为教育企业实施搜索营销提供了更多路径。

社交媒体营销

社交媒体营销是另一种数字化背景下的企业营销方式。一般的社会化媒体营销工具包括论坛、微博、微信、博客、SNS社区、自媒体平台或者企业媒体平台等。

社交媒体营销的方式包括：互动营销、口碑营销、内容营销、情感营销、粉丝营销、事件营销、名人效应等。

◆互动营销

社交媒体营销以"分享和参与"为核心，用户通过社交媒体来分享产品的信息和观点，这与以往传统营销中"自上而下"的理念不同，社交媒体强调"自下而上"进行营销推广，这就要求企业必须进入到社交媒体营销中去，通过与用户的对话和互动，与用户建立情感联系，从而通过赢得用户的情感认同获得成功。

◆口碑营销

在社交媒体时代，口碑在用户购买决策过程中扮演着越来越重要的角色，用户乐于通过以往用户对于该商品的评价，从而最大限度地减少购买风险，通过了解品牌在社交媒体上的口碑，用户极易改变原有的对该品牌的态度。

◆内容营销

社交媒体所承载的内容与形式越来越丰富多样,从文字、图片、音频到视频,只要是人们能想到的信息,几乎都能以简短而快捷的形式进行传播,快节奏的生活和发达的移信通信设备,导致用户的注意力时间越来越短,获取的信息量也越来越大,因此,更需要重视传播的内容。

◆情感营销

人的大脑总是倾向于情感,而不是理智,在数字化时代,情感更是主导用户购买行为的重要因素,因此在数字化时代的大变革中实现营销突破,唯有与用户建立深厚的情感连接。

◆粉丝营销

社交媒体时代留住粉丝比吸引粉丝更重要,提升粉丝黏性当然是通过互动,其实广义上的互动就是和用户产生联系和交易,交易本身就是一种高质量的互动,当然互动的形式还包括内容推送、各类线上与线下活动、建立品牌社群并让粉丝通过参与获得良好的产品体验等。

◆事件营销

社交媒体通常是一个事件的起源地,可以在任何类型的事件中占有重要地位。伴随着社交媒体营销的深入发展,事件营销逐渐成为企业社交媒体营销的一种新策略。对于企业来说,无论是线下还是线上活动,都可以在正确的规划和操作后成为一个成功的事件营销。

◆名人效应营销

所谓名人效应,是名人的出现所达成的引人注意、强化事物、扩大影响的效应,或人们模仿名人的心理现象的统称。比如微博上的名人效应是通过名人转发或发表评论产生的一系列连锁反应,一个影响广泛的博主或微博主可以轻松影响一大批潜在用户。

所以,意见领袖关系的维护极其重要,网民在社交媒体上都有自己的

"圈子"和"朋友",每个"朋友"在口碑传播上,都有着不可小视的推荐作用,特别是意见领袖,在社交媒体时代,他们的号召力大到惊人,目前流行的明星直播带货就是典型的名人效应营销。

品牌营销

前文我们谈到了数字化时代教育企业的品牌塑造问题,那么从营销的角度来看,通过品牌营销的方式来获得用户也是一种惯用的方式。因为教育企业的品牌口碑直接影响着用户的决策,而网络又是口碑传播的主要途径。那么,教育行业的企业该如何通过品牌营销的方式获得精准用户?

我们以百度平台为例,做一个教育企业通过百度进行品牌营销的简单介绍。

第一,可以利用的是百度信息流。百度信息流是基于百度自身三个产品手机百度、百度贴吧、百度浏览器App的海量用户,分析用户喜好和行为,并进行精准广告推荐的一个百度衍生产品。

企业可以利用百度信息流在图片素材中体现学习环境和专业师资,在创意文字中体现课程效果、地理位置或课程内容,在着陆页面里对用户关心的内容进行描述。除此之外,企业通过对目标人群的定位和搜索词的精确设置,采用CPC的网络广告模式,就能够有效提升企业信息的曝光度,并降低获客成本。

第二,企业还可以使用具有搜索推广功能的百度推课应用。百度推课是百度针对移动搜索场景推出的一款教育行业专用产品,其特点是能够提炼出课程亮点、并把咨询按钮前置,用户可以一键直达产品的咨询页面,以保障用户后续咨询体验。

第三,企业可以使用百度本地直通车。地域因素往往是用户考虑的一个重要因素,一般都会倾向于选择离自己更近的教育机构。百度本地直通车能够根据用户的地理位置推荐5～30公里以内（企业可在此范围内自由设置距离）的教育机构，而且在展现的广告内容中，也会直接展现出机构门店所在位置，以及与用户之间的距离，能够快速引起用户的兴趣。用户在点击广告后，也会进入百度直通车专属的着陆页面，页面中会有具体的地理位置、价格信息、联系方式甚至优惠活动，进一步引导用户进行咨询或下单。

第四，企业还可以运用百度的品牌起跑线。品牌起跑线的作用是帮助企业提升自身品牌形象，防止竞争对手恶意竞争自己的品牌词。当用户搜索公司的品牌名称或产品名称时，在百度搜索、百度知道、百度新闻三大频道，都能出现超大面积、官方认证的广告，以此来树立企业权威的品牌形象。同时，百度还针对中小教育行业的企业特别推出了扶植计划，加入品牌起跑线的中小型教育企业，能够在目标受众搜索相关产品时，进行强行曝光，扩大企业影响力和知名度，拦截潜在客户。

除了百度之外，作为企业品牌营销前沿阵地的还包括搜索引擎优化、线上的一些免费渠道、新闻网站、问答型网站等。其中，搜索引擎优化是一种免费推广的方式，原理就是用技术手段提升自己官网的排名，从而吸引流量并达成成交。线上的免费渠道则包括58同城、博客论坛、自媒体等，在这些免费渠道发布一些推广信息，同样可以带来客户。如果教育企业想提升自身的品牌价值，那么做新闻网站的推广就是必然的，比如好未来、新东方、尚德等教育机构每年在新闻网站上的推广费用高达千万。具体的方式是在类似新浪、网易这样的权威新闻网站上定期发布新闻稿，这样做能够极大地提升品牌在用户心里的价值，对于提升转化率有明显的帮助。问答网站也是不可忽视的推广渠道，因为很多家长都会去百度知道、知乎这样的平台询问机构的口碑，因此问答网站也就成为教育企业必须占据的平台。企业可以根据自身需要来优化一些问题的答案，同时删除负面信息，从而让品牌保持一个良好的形象。

大数据营销

在过去的很长一段时间，教育行业的拓客形式，总体来说分为线上和线下两种形式：线上主要为百度竞价、各平台的线上广告等；而线下就是各种线下的广告牌、门店推广等。可以很明显地看出，无论是线上推广还是线下推广，这两种获客形式的成本都是巨大的，并且用户极其不稳定，通俗来讲就是通过"烧钱"的形式来获客。

受制于巨大的营销成本，在数字化的背景下，许多教育机构开始尝试新的营销解决方案，于是大数据营销也就应运而生。

教育行业的用户虽然是学生和一些需要提高技能的人群，但是主要的决策者一般是家长。因此教育机构在拓客时，首先就要让家长了解到企业的教育产品信息。那么怎样在众多的用户中准确地让目标用户家长了解到产品信息就成了一个重点。其中寻找的准确性就成为营销成败的关键，而这个"精准"恰恰就是通过大数据系统来实现的。

所谓大数据营销系统，就是通过大数据分析技术和人工智能，从各平台的海量数据中找到最符合教育企业的用户群体，然后教育企业再定向地向这些用户群体展现广告。这种方式，无疑比传统的营销形式要精准得多，其主要优点包括：

首先是群体定向的准确。通过大数据分析技术，准确地定向用户群体，企业营销的精准度得到大幅提升。

其次，相较于传统的营销方式，将大数据技术融入营销中，能够大幅度降低营销成本，避免向无效群体进行广告投放。

最后，大数据技术还处于一个高速发展的阶段，众多企业品牌对于大数据技术还处于了解阶段，这时候运用大数据技术开展营销活动，做先吃

"螃蟹"的人,无疑会让企业走在行业的前列。

那么,教育企业应该如何运用大数据来实现营销呢?

首先,企业要深入分析目标客户的满意度特点,客户的年龄层、性别、家庭背景、选购爱好、消费习惯性等。

然后,企业可以根据数据进行建模,模型关键分成基本实体模型和个人行为实体模型。比如,企业如果是做K-12教育培训,那么在其中个人行为实体模型就可以包括:关键词搜索(例如小孩考试成绩降低该怎么办,哪有好的学科辅导教师,如何提高自己小孩考试成绩……)、网页浏览(学校网站、培训机构网站等)、电话(同行业400)、浏览过的教育类App、应用过课堂教学微信小程序(大学发布考试成绩服务平台等)。

接下来,企业就要通过一些大数据服务平台开展大数据挖掘了,通过深入分析客户,获得客户的基本肖像,从而定位到精确客户。

在创建了详细肖像实体模型后,企业还要对每一个标识做多方面深入分析。就网上平台而言,客户进到网上平台后有没有申请注册端口号?在网上平台等待时间是多少……把这些数据作为主要参数设置,从而获得客户详细的肖像,最终精准定位到目标客户。这就是大数据营销在教育行业的应用方式。

口碑营销的裂变式传播

在全民数字化的今天,对教育企业而言,口碑营销是一个非常有效的营销方式。它是以消费者的身份,通过社交工具及新媒体平台向其他用户传播优质产品内容,或者在追踪热点事件的基础上放大企业口碑的营销方式。企业在市场需求调查的情况下,为消费者提供产品或服务,并通过口碑传播计划,让消费者通过口碑传播的方式了解产品、树立品牌,最终达到销售产品的目的。

　　口碑是如何产生的呢？从消费者购买决策过程来说，用户需求的产生、信息收集、效用评价、决定购买到最后的购买行为这五个过程中，最终用户将对使用的效果进行评价。比如当家长购买了企业的课程后，学生将是这个产品的使用人，家长作为监护人，对整个使用过程的好坏与否、是否满意作出评价，基于各种需要对产品的使用效果进行分享和传播，这样也就产生了口碑。口碑有好坏之分，一个好的口碑会产生8次销售，而一个坏的口碑通常会传递给22个人，口碑的重要性不言而喻。

　　那么，以教育课程产品为例，想要产生好的口碑，就必须了解用户评价的因素是什么。客户通常会对机构的品牌整体形象、课程设置、服务、师资背景、教学成果、设施与环境、费用价格、宣传促销等做出自己的评价，那么也就意味着这些要素在口碑营销中是重要的，企业可以通过其中的一种或者几种做出系列的营销策划。根据客户对以上属性的重视度不同，大致可以做一个重要性因素排序，即教学效果、师资背景、教学产品（多媒体、xxx教材、课程等）、服务、环境等。根据重要性的不同，在口碑营销内容的选择上，要尽量符合刺激反应理论，就是说口碑营销的内容对用户的刺激强度要足够大，才能够引起用户的注意和正面的联想。

　　有了传播内容，还要设计营销方式，以此达到预期的效果。这其中要搞清是谁在传播，需要谁来传播，比如企业员工、学生家长、媒体、行业人士等，然后找到他们当中的意见领袖来完成传播。在过去，教育企业所选择的传播方式大多是传单、海报、户外广告等信息轰炸方式，随着新媒体的兴起，消费者触媒习惯的改变、消费行为的改变，过去的宣传方式所带来的效果越来越差。因此，需要我们通过整合营销的理念来加以改变，从营销战略、品牌理念、营销策略等方面加以整合集成，不断地将内容进行放大，形成统一鲜明的形象。

　　企业可以选择值得信任的平台，提升用户的信赖感。在选择合作平台时，企业不能仅仅看中眼前的利益，更重要的是要从长远来看，选择有一定品牌能力的合作平台作为自己的实力展台。这样更容易在品牌形象上获得用户的好感。

同时，企业还要把更多资源投入到打造品牌美誉度的工作上。如今，许多教育企业开始致力于打造有温度有态度的品牌，但在打造美誉度时，关注点一定要在学员体验上，要多了解、观察，和学员做朋友。首先，在介绍品牌时，文案内容要走心，比如发布知名人气老师的亲笔信或是放大学生的品牌评价等；其次，要满足学员的窥探欲，拉近与学员之间的距离，比如曝光幕后人员或是揭秘直播复杂工作的一系列流程和细节等；最后，还要常常带给学员成就感，为学员学习过程中增添乐趣，比如可以晒学员的笔记或是赠送课程等。

除此之外，口碑营销还包括论坛口碑、公关口碑等很多线上营销方式。论坛、公关口碑也是数字营销的具体表现。在论坛或知道平台上，以消费者身份发起问答贴，结合热点事件自问自答引起用户关注讨论，然后再从产品角度去评论、回复，肯定其他用户的答案，这样的良性循环可以让消费者更好地理解品牌形象及产品。

很多教育企业在口碑营销方面并没有花多大工夫，甚至在过去还有一些企业秉承着"酒香不怕巷子深"的营销理念，而这种理念在今天已经完全不适用了。优秀的产品更需要平台基于市场分析的数字化包装，这种包装就需要口碑营销来实现。口碑营销可以说是企业数字化营销具体实施过程里非常重要的环节。

新媒体获客

当今这个数字化时代，无论什么行业，只要谈到企业营销就不能绕过新媒体。如今，新媒体与企业营销已经紧紧地绑定在了一起，新媒体作为一条有效抵达消费者的通路正在成为越来越多的企业实施营销的前沿阵地，教育行业的企业也不例外。

新媒体包含3种类型：其一是以用户为中心，这类新媒体更多追求的是直播间功能如何，因此它的特征是活跃和效率，它的本质就是推销产品；其二是以客户为中心，这是绝大多数公众号的类型，做的是品牌传播，它的传播方式就是广告，无论是硬广告还是软广告；其三是以读者为中心，其背后的操作模式就是带货。

在过去几年，所谓的"新媒体营销"包含微信公众号、头条系广告（抖音、头条）、微信系（广点通、公众号、社群）、微博广告等等方式，而随着数字化程度的加深，以视频为主的媒体播放方式开始席卷网络，同时成了新媒体营销里最重要的一条营销路径。

拿最火的短视频平台抖音来说，现在入驻抖音的教育行业企业已经不胜其数，有像英语流利说、尚德机构这种大品牌企业，也有像潘多拉英语、编玩边学这种中小企业。这些企业通过抖音极大地提升了曝光量和品牌，实现了招生的"逆袭"。

"潘多拉英语by轻课"作为抖音做得风生水起的教育机构号之一，没有明星，也不玩娱乐，其账号开通半年的时间就积累了超过400万粉丝，点赞量超过1100万，播放量超3亿。

其新媒体营销采用的是以下几个方式：

首先，潘多拉英语的定位面向了精准用户。很多企业在做抖音官方账号时，都想要一下子吸引所有能覆盖到的人群，但这样反而会让用户更分散。"潘多拉英语"通过以点带面的形式去锁定一个特定的人群，内容越垂直细分越精准触达核心用户。

"潘多拉英语by轻课"主打的就是实用口语，面对的精准人群就是职场人士。这样做清楚地划分了固定人群，从而慢慢培养他们固定的观看习惯。

其次是内容精简且生活化。教育行业的很多企业会觉得通过最专业的内容来吸引用户才是最佳选择，但其实这些专业内容并不适合抖音平台的运营机制，往往视频前五秒没有展示出亮点就被用户关掉了。而"潘多拉英语"发布的教学视频不求深度，较为生活化，通过可以学起来的英语情景对话，更容易让人产生兴趣和共鸣。比如：职场中经常"被买单"，如何不失优雅地扳回来；老板一边温暖地送咖啡，一边说：'不如今晚加个班吧'，你又该如何应对呢？"潘多拉英语"将这些日常职场中经常会遇到的小问题，转化为英语情景教学，从而一下子抓住了用户心理。

第三就是设立品牌真人IP。"潘拉多英语"的抖音视频是由高颜值的英语女老师Crystal固定出境拍摄，真人老师给用户带来的交互感是一个虚拟品牌所无法代替的，同时品牌IP与"美女"形象的结合也更容易积累长期的忠实粉丝。

最后就是开通子账号进行导流。与很多教育机构的抖音账号不同，"潘多拉英语"用主营业务相关的账号完成第一波聚流之后，开始分流给另外业务的子账号，如新账号"Crystal克里斯托"，这个账号更多的是一些流行英文歌曲的演唱及才艺展示。

虽然教育专业知识很难娱乐化，但不同侧面的个人IP可以帮助企业引流到独立于品牌形象之外的粉丝群。

从该案例里，我们可以感受到想要在新媒体营销领域有所作为，不仅仅是开通账号，发布常规内容这么简单，还需要专业人员制定符合行业宣传的创新营销方案才行，新媒体只是媒介，营销想要获得成功，还需要过硬的方案去执行。

除了抖音这类短视频平台外，微信公众号同样是教育企业重要的获客渠道，有着不可小觑的覆盖范围、受众人群和影响力。更重要的是，成功的公众号投放成本要远远低于抖音。那么，如何通过微信公众号做好营销呢？

从渠道选择上，教育行业的企业在公众号选择上应优选双垂直，即地区垂直+教育垂直。这是因为多数教育机构做不到纯线上课程售卖，更多还是有着线下实体校区，在全国各类大号投放后，因校区覆盖半径有限，会造成资源浪费。

在确定区域垂直后，教育企业面临的另一个选择，就是投放生活类还是垂直类公众号的问题。生活类公众号的优势在于粉丝多、互动多、商业模式比较清晰，容易联系和建立合作，但真正投放后效果却并不乐观。因为生活类公众号主要属性吃喝玩乐购，受众不带有明显的教育属性，这就往往容易形成阅读很高，转化极低。反观教育垂直类公众号，可能粉丝量、阅读量都不是很多，但因为其日常内容范围显著，用户接受起行业广告来也就更为轻松。这类公众号转化率会很高，且都是真实用户，而且还能形成自传播。

另外还需要注意，公众号发文时间的选择，一周内最好的发文时间是周三和周四，较差的是周六日。

在推广文章上，企业同样要下一番功夫。文章标题直接影响着文章的打开率，间接影响着最终的转化率。因此，一个好的标题能够为一次成功的投放打下好的基础。如何设计好的标题？有一种方法叫作CBI标题法。

所谓的"CBI"标题法，"C"是Connection；"B"是Benefit；"I"是Interesting。

Connection指与用户建立联系，让用户能辨识到，这篇文章是写给"我"，是与"我"有关的。比如：

身份证是2001-2013年出生的孩子注意了，家长再忙也要看一下！

家有2020届考生注意了，高二下学期是成绩下滑的高危期……

九年义务教育这一科大变动！家有7～16岁的孩子，抓紧3分钟看看……

上述这些都是明确的联系型标题。

Benefit指的是好的标题要给读者明确的利益承诺，把价值明确在标题里，告诉用户能为他带来什么收获。比如：

最牛语文老师：我只教1个方法，全班一半学生写出满分作文！

数学如何从60分逆袭140分？北大名师教你告知三年制胜方法！（深度好文）

高中生！别逼自己背单词了，每天花12分钟做这件事，英语轻松上130分！

上述这些都是明确的利益型标题。

Interesting指的是标题能够引起读者某些情绪共鸣。适当的猎奇、紧张、焦虑等情绪的确更能调动用户的点击欲望。比如：

家长群炸锅了！中高考政策又变了，我们该如何面对？

一毕业就失业！未来10年缺少这种能力的孩子注定吃大亏！

孩子考砸了，"亲爹"竟然这么教育孩子！太过分了！

上述这些都是明确的情绪型标题。

Connection、Benefit、Interesting，三者有效结合，就是一个推广好文章的标题。

综上所述，未来教育行业的获客方式将会更多地依赖新媒体，这是数字化时代企业营销发展的需要，也是数字化时代教育行业发展的需要。